编 委 会

主　　编：何立峰
副主编：林念修
编　　委：任志武　王昌林　沈竹林　朱建武　秦　勇　张志宏
　　　　　陈　锐

编 写 组

组　　长：任志武　王昌林　沈竹林　朱建武
副组长：霍福鹏　阮高峰　罗　蓉　刘国艳　姜　江
成　　员：(按照姓氏笔划为排序)
　　　　　马晔风　万劲波　王　维　尹昊智　申伶坤　吉文杰
　　　　　任　檬　成　卓　刘　方　刘　祯　孙启新　李祥伟
　　　　　曲　婉　乔黎黎　杜鹏飞　邱　灵　何　伟　张　丽
　　　　　张　航　张开迪　张　蕾　张铭慎　宋瑞礼　应晓妮
　　　　　房　瞻　奉　莹　周　源　庞　诗　赵　宇　赵　锐
　　　　　赵正国　高　建　高　鉴　屠晓杰　符兴华　韩　祺
　　　　　程　都　曾红颖　蒋同明　廉　莉　蔡跃洲　黎晓奇
　　　　　魏国学

2017年
中国大众创业万众创新发展报告

国家发展和改革委员会

人民出版社

序　言

在党的十九大精神指引下,2017年全国各地深入实施创新驱动发展战略,大力推动大众创业万众创新,创新创业发展环境不断优化,各类群体创新创业活力有效激发,新登记企业发展质量明显提升,新旧动能加速转换,推动经济向高质量发展迈进。

一是围绕正确处理政府和市场关系,加快推动职能转变,深入推进"放管服"改革,大力削减审批事项和审批权限,坚决清除阻碍创新发展的堵点、影响干事创业的痛点和监管服务的盲点,不断深化体制机制改革,持续加大政策扶持力度,创新创业生态环境明显改善。

二是在新一轮科技革命和产业变革加速重构全球创新版图、重塑全球经济结构的大背景下,我国创新创业更加活跃,新登记企业数量在继续保持快速增长的同时,呈现出活力不断增强、结构更趋优化、质量明显提升的良好态势。

三是国内日趋浓厚的创新创业氛围,有效带动科技人员、大学生、留学归国人员、返乡创业人员等各类创业群体踊跃投身创新创业热潮,从草根到精英、从城市到农村、从国内到国外,参与群体越来越多元、覆盖范围越来越广泛,"头雁效应"越来越明显。

四是伴随大众创业万众创业持续纵深发展,经济发展新动能加速成长壮大,云计算、大数据、人工智能与实体经济融合日益深化,工业互联网加速普及,物联网、知识付费、新零售等新技术新模式新业态不断涌现,大量高质量就业机会持续创造,有效扩宽了居民增收的路径,拓展了社会纵向流动的通道,促进了社会的公平正义。

五是服务于国家战略,大众创业万众创新不仅推动了"一带一路"创新创业支撑平台的有序布局,还有力提升了国与国之间的创新合作关系和合作层次,初步构建起"国外技术—跨国孵化—国内落地"的跨国创业服务网络,形成海内外联动推动创新创业、服务全球客户、助力转型升级的喜人局面,国际化水平和全球影响力大幅提升。

2018 年是全面贯彻党的十九大精神的开局之年,是改革开放40周年,是决胜全面建成小康社会、实施"十三五"规划承上启下的关键一年。要深入贯彻落实习近平新时代中国特色社会主义思想和党的十九大精神,强化实施创新驱动发展战略,坚持问题导向,着眼弥补短板、聚焦难点、精准施策,从推动创新引领发展、优化营商环境、强化金融创新、完善人才发展政策、构建高效服务体系、深化开放创新合作等方面发力,不断推进大众创业万众创新上水平,发展壮大经济增长新动能。

编 者

2018 年 4 月

目　　录

总　论　创新创业迈向高质量发展

创新是引领发展的第一动力。党的十九大报告指出,要激发和保护企业家精神,鼓励更多社会主体投身创新创业。2017 年各地区各部门全面贯彻党的十九大精神,以习近平新时代中国特色社会主义思想为指导,按照高质量发展要求,深入实施创新驱动发展战略,推动大众创业万众创新不断向更高质量进发。我国新登记企业的活跃度和竞争力持续提升,群体创业更趋理性,创业投资持续活跃,创新创业支持政策的普惠性和实效性日益改善,有力促进了经济新旧动能转换,为建设现代化经济体系、推动高质量发展发挥了不可替代的重要作用。呈现出以下新特点:

一、新登记企业行业结构不断优化,创新竞争力明显提升

在新一轮科技革命和产业变革加速重构全球创新版图、重塑全球经济结构的大背景下,我国创新创业更加活跃,新登记企业呈现活力不断增强、结构更趋优化、质量明显提升的良好态势。

新登记企业保持较高活跃度。随着新一轮技术创新和产业变革浪潮不断向纵深拓展,创新创业机会进一步涌现,促进新登记企业主体活力不断增强。据原国家工商总局统计,2017 年全国新登记企业607.4 万户,比上年增长 9.9%,平均每天新设 1.66 万户,比上年增加0.15 万户。到 2017 年年底,我国平均每千人拥有企业 21.8 户,比上一年增加近 3 户。其中,新登记小微企业周年开业率保持在 70% 左

右,户均从业人员从开业时的 6.1 人增加到 7.3 人。新登记企业数量的持续增长带动实有企业数量连续五年实现两位数增长,截至 2017 年年底,我国实有企业数量达到 3033.7 万户,同比增长 16.9%。

新兴产业领域新登记企业数量快速增长。部分新兴产业领域新登记企业的数量增长更快,显示创业企业的行业结构更趋优化。比如,2017 年制造业新登记企业数量和注册资本分别为 51.84 万户和 3.35 万亿元,同比分别增长 16.3% 和 33.6%,延续 2016 年以来的回升态势。其中,现代制造业新登记企业数量同比增长 18.2%,高出制造业平均水平 1.9 个百分点。再比如,新兴服务业中的教育、科技服务业、文化娱乐业的新设企业分别比上年增长 33.4%、24.3% 和 17.8%,也远远高出服务业平均水平。新登记企业主体的行业结构不断优化,表明创新创业在振兴实体经济和加速产业迈向中高端方面发挥了积极作用,有力推动了经济高质量发展。

创业企业的市场认可度和创新竞争力大幅提升。2013 年以来,我国企业在估值超过 10 亿美元的独角兽榜单中的占比越来越高。据美国数据分析公司 PitchBook 统计,2017 年全球新增 57 家独角兽企业,我国上榜 18 家,数量占比攀升至 31.6%,估值占比达到 41.4%,企业经营范围从单一的互联网社交及电商领域,拓展到内容、教育、汽车服务等互联网新兴领域,这些成长性好、创新能力强、市场估值高的创业企业不仅越来越受资本市场的青睐,而且正在成为引领创新发展的重要力量。有关统计显示,全国高新区的瞪羚率①达到 2.75%,处于国际较高水平,瞪羚企业群体营业收入增长率是高新区企业整体营业收入增长率的 8 倍。

二、各类创业群体不断壮大,"头雁效应"持续放大

在相关政策支持下,科技人员、大学生、留学归国人员、返乡创业

---

① 高新区瞪羚率为瞪羚企业占整个高新区企业的比重。

人员等各类创业群体继续踊跃投身创新创业大潮,从草根到精英、从城市到农村、从国内到国外,参与群体越来越多元、覆盖范围越来越广泛。

科技人员创业热情得到有效激发。2017年3月我国出台《关于支持和鼓励事业单位专业技术人员创新创业的指导意见》以来,一些事业单位选派专技人员到企业挂职或者参与项目合作,一批事业单位专技人员兼职创新或者在职创办企业、离岗创业,部分事业单位设置创新型岗位,并通过设置特设岗位、流动岗位选拔、吸引创新人才,探索实行灵活、弹性的工作时间,鼓励绩效工资分配向在创新岗位做出突出成绩人员倾斜,把引才用才留才有机融合,科研人员的积极性和创造性被有效激发。

大学生创业注册数量进一步增加。据调查,2017年大学生的创业意愿持续高涨,近九成大学生考虑过创业,其中26%的大学生有较强的创业意愿,较2016年进一步增强。当前我国大学毕业生创业率达到3%,超过发达国家1.6%平均水平近一倍。2017年首次登记注册的大学生创业者64.5万人,占青年创业者的比重进一步提升到16%,成为青年创业者的一支主要力量。

留学归国人员创业队伍不断壮大。留学归国人员是创新创业队伍的主力军,近年来创业人数一直保持增加态势。截至2017年年底,我国建成留学人员创业园351个,比2016年又增加了4家。在创业园创业的留学回国人员达到8.6万名,较上年又增加0.7万人。从领域上看,留学归国人员往往从事技术创业,其中有近五分之一的创业者集中在信息科技、通信、电子、互联网等领域。从方式上看,留学归国人员正逐步从"海龟"向"海鸥"转变,成为我国全方位融入和布局全球创新网络的重要力量。

返乡下乡创业人员创业领域不断拓宽。我国返乡创业呈现返乡、下乡、本乡三大群体共生局面。其中,返乡人员以农村户籍的农民工、中高等院校毕业生和退役士兵为主,下乡人员以具有城镇户籍的科技人员、中高等院校毕业生、有意愿有能力的城镇居民为主,本乡人员主要指农村能人和农村青年。统计显示,各类返乡下乡创业人员已达 740 万人。其中,返乡农民工占比 68.5%,涉农创业占比 60%,有 82% 以上的创业人员投身于特色种养业、休闲农业和乡村旅游、信息服务等新产业新业态新模式项目。

三、创业投资更加活跃,迈入规范化发展新阶段

随着政府引导基金日趋规范和 IPO 适度重启,创投机构在保持较高活跃度的同时更加重视对投资方向的评估,推动创业资本更多投向人工智能、生物医疗行业等战略性新兴产业领域。

政府引导基金运作步入规范化新阶段。在经历 2015 年和 2016 年的高速增长后,2017 年政府引导基金的设立步伐大幅放缓。统计显示,2017 年新设 255 支政府引导基金,总目标规模达 30087.56 亿元,较上年分别同比下降 50.1% 和 29.0%。截至 2017 年年底,我国共设立政府引导基金 1501 支,已披露的总目标规模达 95798.77 亿元,到位资金约占三分之一。政府引导基金在实现从无到有、由少变多的历史性跨越之后,加速转向更注重精细化管理的新阶段。在秉持母基金定位和市场化运作的同时,更强调聚焦战略性行业和早期性项目。

各类创投机构投资活跃度保持较高水平。从全年数据来看,虽然创投机构募资总额增速有所放缓,但投资活动异常活跃。2017年,我国披露的 1768 起早期投资案例涉及投资金额 147.43 亿元,同比上涨 20.4%,平均单笔投资金额为 833.87 万元,同比上涨 34.2%。我国创业投资市场披露的 4431 起投资交易,涉及投资金额 2025.88亿元,同比增长 54.3%,平均投资额为 4572.06 万元,同比增长19.1%,显示我国创业投资市场蕴含巨大能量。

信息技术与生物医药行业备受创业资本青睐。从行业投资案例数和投资金额来看,2017年互联网行业虽继续稳居榜首,但占比呈现下降趋势。信息技术、娱乐传媒行业呈大幅上升态势,与互联网行业的差距不断缩小。在早期投资中,信息技术行业投资案例390起,同比上升17.5%,披露金额21.90亿元。娱乐传媒行业投资案例236起,同比上升4%,披露总投资金额15.03亿元。在创业投资中,信息技术行业获投案例数927起,占比19.2%,同比上升3.9个百分点,涉及金额274.72亿元,占比13.6%,同比提升0.7个百分点。生物技术和医疗健康行业获投案例数626起,占比13%,同比上升1.1个百分点,涉及投资金额336.18亿元,占比16.6%,同比提升2.7个百分点。信息技术和生物医药行业成为创投机构的投资热点。

创投退出和私募股权并购步入市场化调整期。受政策影响,2017年我国企业上市重现活跃态势,全年实现境内外上市504家,同比提升73.2%,首次公开募股(IPO)数量破历史纪录。在实现境内外上市的中国企业中,有285家由私募股权支持,同比上升63.8%,占全部上市中国企业的56.5%。与此形成鲜明对比的是,新三板市场相对遇冷,新增挂牌企业仅有2176家,比上年减少56.8%。与私募股权相关的并购交易也出现回落,全年交易2813起,同比下降9.4%,披露金额的并购案件总交易规模为18919.23亿元,同比上升2.6%,平均并购金额为7.79亿元,比上年下降12%,显示我国步入并购调整期。

四、双创政策体系更加优化,普惠性和实效性持续改善

2017年,我国以更大力度推动体制机制改革和普惠政策落地,在拓展"放管服"改革、深化科技体制改革、加大扶持力度、基地扩围提质、推动实体经济创新等方面取得了显著进展,解决了一批社会反

映强烈的政策痛点。

"放管服"改革取得新进展新成效。更大力度推动"放管服"改革,2017年再取消40项国务院部门实施的行政许可事项和51项中央指定地方实施的行政许可事项,实现国务院部门行政审批事项削减44%,中央层面投资核准事项累计削减90%,中央政府定价项目缩减80%,削减职业资格比例超过70%。工商登记便利化改革和企业简易注销改革实现新突破。截至2017年年底,全国核发"多证合一、一照一码"营业执照达到900多万张,154699户企业通过简易注销登记程序退出市场,占发布简易注销公告企业总量的50%左右。国务院印发《在更大范围推进"证照分离"改革试点工作的意见》,将上海浦东新区"证照分离"改革试点工作扩大到天津等10个自由贸易试验区,全国通关一体化超额完成"压缩货物通关时间1/3"的目标,进出口企业的获得感显著提升。

科技领域更加注重基础性根本性改革。职称制度与绩效评价等基础关键领域的顶层设计相继出台。《关于深化职称制度改革的意见》突出创新职称评价机制、促进职称评价与人才培养使用相结合、改进职称管理服务方式,推动职称制度体系更趋合理。《中央级科研事业单位绩效评价暂行办法》按基础前沿研究类、公益性研究类、应用技术研发类等分类明确绩效评价指标框架,有力推动产教融合与技术转移。《关于深化产教融合的若干意见》着眼解决人才教育供给与产业需求重大结构性矛盾,推动形成教育和产业统筹融合与良性互动格局。《国家技术转移体系建设方案》聚焦国家技术转移体系基础架构、拓宽技术转移通道等内容,为有力破除技术转移中的体制障碍奠定了坚实基础。

扶持政策的普惠性实效性不断提升。创业担保贷款的范围对象有所扩大,申请条件和担保贴息要求进一步放宽。财税政策的普惠性和稳定性更强,出台了简并增值税税率结构、阶段性降低"五险一金"等缴费比例、金融机构向小微企业等群体发放小额贷款利息收入免征增值税、试点创业投资企业和天使投资个人应纳税所得额投资抵扣、清理规范经营服务性收费等政策。小型微利企业的年应纳税所得额上限由 30 万元提高至 50 万元、月销售额 3 万元以下小规模纳税人免征增值税、内地个人投资者通过沪港通投资香港联交所上市股票取得的转让差价所得免征个人所得税、自主就业退役士兵创业就业税收优惠等政策的实施期限有所延长。统计显示，2017 年全年减税降费政策为企业减负超过 1 万亿元，有效降低了企业负担。

创新创业支撑平台实现全覆盖。各类创新创业载体蓬勃发展，全国布局建设"双创"示范基地 120 家，部分基地加快联盟性质合作，"双创"示范基地的创新网络效应加速体现。"全国青年创业示范园区"114 家，全国农村"双创"园区（基地）目录达 1096 家，国家小型微型企业创业创新示范基地 297 家，纳入火炬统计的众创空间数量超过 5700 家，科技企业孵化器数量超过 4000 家，中央企业搭建各类"双创"平台超过 970 个。各地人社系统认定和扶持的创业孵化基地超过 1000 家，其中全国创业孵化示范基地 71 家。此外，相关部门还加快构建基于互联网的大型制造企业和为中小企业服务的创新创业平台，完善国家军民融合公共服务平台，建设仪器设备共享平台。各类平台呈现多元化、精细化和专业化的发展态势，有力支撑了创新创业。

实体经济创新发展的动力更足环境更优。围绕工业互联网、创新供应链和重点领域关键技术产业化，一批平台型大企业和"专精特新"中小企业加速涌现，大中小企业融通发展呈现新格局。知识产权保护力度和服务质量相应得到大力提升，市场监管体系和监管能力现代化水平也明显提高。依托全国"双创"活动周和"创响中国"活动，有效吸引全社会广泛参与创新创业，大中小企业融通呈现蓬勃发展态势。

五、创新创业培育新动能成效显著,助力经济高质量发展

随着大众创业、万众创新持续向纵深拓展,经济发展新动能加速成长壮大,有效促进了产业向高端迈进和就业增量提质,有力推动了经济发展质量变革、效率变革和动力变革。

大量新技术新业态新模式不断涌现。物联网等关键技术进入发展培育期,云计算、大数据、人工智能与实体经济深度融合,工业互联网加速普及,推动电信、能源、制造、商贸、农业、食品、文化创意、公共安全等实体经济领域加速数字转型,催生知识付费、新零售等新模式新业态。分享经济的触及范围和渗透程度不断扩大加深,有力提高了分享规模、生产效率和服务质量。传统制造企业加速构建开放创新平台、协同创新平台、虚拟孵化器、众创空间等"双创"支撑平台,打造网络化、扁平化、平台化的管理新模式,提供软件按需取用、在线协同合作、技术资源交易和专业知识自动化等共享服务和解决方案,推动企业从管控型组织向创业孵化平台转变,极大释放了企业内部创新活力。2017 年,我国规模以上工业战略性新兴产业及高技术产业增加值分别比上年增长 11.0%和13.4%,分别高于整个规模以上工业同期增速4.4 个和6.8 个百分点。

区域创新创业生态更趋成熟。大众创业、万众创新推动形成一批产业创新集群和区域创新发展高地,在全国乃至全球具有广泛知名度和较强竞争力,在推动区域高端产业集聚发展和转型升级方面发挥了引领带动作用。比如,2017 年上海市杨浦区智力密集型现代服务业增加值308.97 亿元,同比增长 15.1%,占第三产业比重达到41.2%,比 2016 年年底提高 1.2 个百分点。江苏省常州市依托武进"双创"示范基地探索形成以"创新+资本"为主要特征的创新创业新苏南模式,石墨烯、智能装备、轨道交通、绿色建筑等

特色新兴产业集聚发展,高端制造的国际竞争优势加速凸显。贵州省依托国家级和跨国公司数据中心建设,推动智能终端、集成电路、电子商务、互联网金融、服务外包等大数据关联业态以及智慧农业、智能制造、智慧旅游等大数据衍生产业蓬勃发展,高端产业创新创业生态日趋成型。不断优化的区域创新创业生态增强了我国对外籍人士的吸引力。有关报告显示,珠三角对于外籍人士的吸引力可以比肩硅谷,50%的外籍人士到中国是为了寻求新的机遇。

新动能创造大量高质量就业机会。大众创业、万众创新为我国稳定和扩大就业提供了重要支撑。初步统计显示,新动能对新增就业的贡献率达到70%左右。据国资委统计,截至2017年年底,中央企业约有150多万科技人员参与创新创业,带动就业人数近700万人。全国创业孵化载体内企业就业人数超过200万人,每家毕业企业平均带动就业43人。中国宏观经济研究院联合36氪定期监测显示,2017年初创企业网上新招聘岗位数为259.1万个,较2016年同比上升6.4%。

国际化水平和全球影响力大幅提升。大众创业、万众创新服务于国家战略,不仅推动了"一带一路"创新创业支撑平台的有序布局,还有力提升了国与国之间的创新合作关系和合作层次。中德、中古、中以、中英、中印等高技术双边合作机制定期举办重大活动,增进政策交流、企业互信,重点企业和重大项目的双边合作进一步扩大。多个国内创业服务机构发起成立国际创业孵化联盟,在美国、澳大利亚等16个国家24个城市建立70多家离岸孵化海外基地,形成了"国外技术—跨国孵化—国内落地"的跨国创业服务网络,海内外联动推动创新创业、服务全球客户、助力转型升级的局面初步形成。有关数据显示,2016—2017年7.67%的创业者拥有海外客户,比2009年增长了5.5倍。中国大众创业的海外客户比例已经超过了阿根廷、俄罗斯、巴西等国创业者。大众创业、万众创新的实践得到世界广泛认同,在2017年4月召开的联合国大会上,大众创业、万众创新理念被写入相关决议,世界经济论坛主席施瓦布更是认为,"中国正向世界展示出更加强大的引领第四次工业革命的能力,这一新时期成功的秘诀,就是大众创业、万众创新。"

第一章　创新创业环境

2017 年,党中央、国务院做出了一系列重大决策部署,按照高质量发展要求,深入推进供给侧结构性改革,进一步创新体制机制,优化营商环境,加快构建现代化经济体系,为实施创新驱动发展战略营造良好的创新创业生态,全面激发了全社会创新创业活力和深厚潜力,成为培育发展新动能、推动经济转型升级的重要支撑。

第一节　创新体制机制

2017 年,创新创业相关的体制机制改革继续深化,简政放权、加强监管、优化服务和"双创"举措持续见效,政府公共服务不断完善,营商环境进一步优化,极大地激励了全社会的创新创业热情。

一、纵深推进"放管服"改革

取消一批行政许可事项。国务院印发《关于第三批取消中央指定地方实施行政许可事项的决定》《关于取消一批行政许可事项的决定》,取消了 40 项国务院部门实施的行政许可事项和 51 项中央指定地方实施的行政许可事项;印发《关于第三批清理规范国务院部门行政审批中介服务事项的决定》,清理规范 17 项国务院部门行政审批中介服务事项;印发《关于调整工业产品生产许可证管理目录和试行简化审批程序的决定》,调整工业产品生产许可证管理目录,简化工业产品生产许可和审批程序,目录调整后,取消、转认证、下放幅度达 50%。

推动一系列有效监管措施。在推动简政放权的同时,国务院出台一批重要文件,采取一系列监管举措,强化风险管理。国务院印发《"十三五"市场监管规划》,提出到 2020 年,要形成有利于创业创新、诚信守法、公平竞争的市场环境,形成便利化、国际化、法治化的营商环境。建立了市场监管部际联席会议制度,加强对市场监管改革创新的总体指导,联席会议由 35 个部门组成,原国家工商总局为牵头单位。国务院印发《关于完善进出口商品质量安全风险预警和快速反应监管体系切实保护消费者权益的意见》,提出 5 个方面共22 项具体措施。国务院办公厅印发《关于完善反洗钱、反恐怖融资、反逃税监管体制机制的意见》,制定了 24 条举措。国务院总理李克强签署国务院令,公布《融资担保公司监督管理条例》《无证无照经营查处办法》,规定和明确了融资担保公司的经营规则和监督管理体制,调整了无证无照经营的查处范围,明确了部门监管职责。

制定和修订法律政策。新修订的《中华人民共和国中小企业促进法》,明确了税收优惠、解决融资困难、降低创办成本、国家支持利用闲置商业用房、工业厂房、企业库房和物流设施等政策举措,进一步为中小企业减负。2017 年我国规模以上工业企业每百元主营业务收入中的成本同比下降 0.25 元。国务院办公厅印发《关于创新管理优化服务培育壮大经济发展新动能加快新旧动能接续转换的意见》,提出了 17 条举措,为新兴经济业态发展提供制度保障。

深化商事制度改革。国务院办公厅印发《关于加快推进"多证合一"改革的指导意见》,对加快推进"多证合一"改革进行了统一部署。"多证合一"已于 2017 年 10 月 1 日起在全国范围内全面实施,工商登记便利化改革实现新突破,市场主体准入再提速。截至 2017

年年底,全国已核发"多证合一、一照一码"营业执照超过900万张。国务院办公厅印发《关于在更大范围推进"证照分离"改革试点工作的意见》,在天津、辽宁、浙江、福建、河南、湖北、广东、重庆、四川、陕西10个自贸试验区,复制推广上海市改革试点成熟做法——即2015年12月国务院印发的《关于上海市开展"证照分离"改革试点总体方案的批复》中,同意上海市试点采取分类推进的方式,从与企业经营活动密切相关的行政许可事项中,选择116项行政许可事项先行开展改革试验等做法——在上述自贸试验区内适用。原国家工商总局印发《关于落实"证照分离"改革举措促进企业登记监管统一规范的指导意见》作为配套政策,在全国范围内选取了31个"证照分离"改革试点工作重点关注单位,加大对其工作指导力度。5年来,中央行政事业性收费已由185项减至51项,地方减至每个省份平均14项,政府性基金由30项减到21项,国务院部门行政审批事项削减44%,中央层面投资核准事项累计削减90%,中央政府定价项目缩减80%。营商环境优化激发了创业活力,2017年全国日均登记企业达1.66万户,活跃度保持在70%左右,经济社会发展内生动力不断增强。

完善简政放权制度。为依法保障"放管服"改革措施有效落实,国务院组织各地区各部门开展"放管服"改革和制约新动能发展涉及的规章、规范性文件专项清理。截至2017年年底,各地区各部门共修改废止规章1900多部、规范性文件79000多件,完成对750多部现行有效行政法规的专项清理,清除阻碍"放管服"改革措施落地的制度藩篱。据统计,2017年全国进口货物海关通关时间为15.9小时,比2016年减少9.2小时,缩短36.7%。国家知识产权局全年累计减免专利费用58亿元,减少提交各类材料269.8万份。人社部建立了国家职业资格目录清单管理制度,将清理后保留的140项国家职业资格目录向社会公布。据统计,外商投资管理体制改革以来,通过审批方式设立的外商投资企业比重由改革前的100%降低到2017年的2.8%,97.2%的外商投资企业通过备案方式设立。

二、系统推进全面创新改革试验

实施一批重点领域改革突破。坚持突出重点,在知识产权保护、科技成果转化、科技金融结合、军民融合创新等4个重点方向上加大试点力度。在知识产权保护方面,相关地方成立专利、商标、版权"三合一"知识产权局,探索建立技术调查官制度和惩罚性赔偿制度等,形成了行政保护、司法审判、维权服务等方面的若干知识产权保护举措。在科技成果转化方面,部分地方率先开展单位与发明人共同拥有职务成果所有权试点,探索"技术股+现金股"科技成果转化模式,拓展激发发明人内生动力、加快科技成果转移转化的有效路径。在科技金融创新方面,一些地方试点在区域股权托管交易中心设立科技创新板,成立持牌经营的科技金融专营机构等,探索出股权融资、无形资产抵押、投贷联动等融资新渠道。在军民融合方面,相关部门和地方积极推进建立军用技术再研发机制,鼓励金融企业建立专门处理涉密企业贷款的分支机构;建立健全军工单位竞争性采购制度,建立"民参军"两证合一,畅通促进军民创新资源双向流动渠道。

推广一批重要改革成果。国务院办公厅印发《关于推广支持创新相关改革举措的通知》,决定向全国范围内复制推广"专利快速审查、确权、维权一站式服务""以关联企业从产业链核心龙头企业获得的应收账款为质押的融资服务""军民大型国防科研仪器设备整合共享""以股权为纽带的军民两用技术联盟创新合作""鼓励引导优秀外国留学生在华就业创业,符合条件的外国留学生可直接申请工作许可和居留许可"等13项改革成果,涉及知识产权保护、科技金融服务、军民融合创新、人才引进和管理等领域。

14

推出一批支持创新的重大政策。国家相关部门在总结改革经验和成效的基础上,研究制定了一系列支持创新的政策性文件。财政部、税务总局印发《关于创业投资企业和天使投资个人有关税收试点政策的通知》,人力资源社会保障部印发《关于允许优秀外籍高校毕业生在华就业有关事项的通知》,国家外国专家局印发《关于外国人来华工作许可制度试点实施方案的通知》,从税收优惠、外籍人才引进等方面,进一步鼓励和支持创新创业。发展改革委会同教育部等 7 部门印发《关于支持中央单位深入参与所在区域全面创新改革试验的通知》,明确集中授权央属高校、科研院所和企业,进一步授予改革试验区域 21 项试点改革任务。

建立全面创新改革试点长效工作机制。国家层面定期开展督促评估、协调推动、调查研究、交流研讨,省级层面制定年度计划、总结凝练成果、检查问责进展、宣传改革成效,试点单位层面制定改革方案、明晰改革责任、落实激励政策,形成了上下联动的工作格局。17个国家部门和 8 个区域成立部际协调机制,8 个区域、10 个省市均成立了改革试验领导小组和相应的推进机构,不少区域将改革试验办公室作为常设机构,形成了抓改革、促创新的强烈氛围。

三、推动政务信息系统整合共享和数据资源整合利用

制定政策制度和行业规范。国务院办公厅印发《政务信息系统整合共享实施方案》,提出加快推进政务信息系统整合共享的"十件大事",打破政府部门间信息壁垒,最大程度利企便民。国务院办公厅印发《国务院部门数据共享责任清单(第一批)》(国办发〔2018〕7号),明确了 16 个重点部门 694 项数据的共享责任。中共中央办公厅印发《关于推进公共信息资源开放的若干意见》(厅字〔2017〕15号),在五省市启动开放试点工作。《网络安全法》正式实施,数据安全管理、跨境数据流动等相关制度标准逐步完善。

推动政务信息联通共用。国家发展改革委会同有关部门、地方加快推动政务信息系统整合共享,深化数据通、网络通、业务通,重点推进开展了系统自查、数据编目、整合清理、应用试点等19项重点任务,初步打通了全国政务信息共享"大动脉"。截至2017年年底,国家数据共享交换平台体系已基本形成,建立了71部门、32地方的数据共享"大通道",支撑了跨部门跨地区数据共享304亿条次;摸清了71部门的4868个信息系统的"家底";构建了涵盖50万项目录的数据资源体系;消除了2800个"信息孤岛";打通了42个垂直信息系统、694个数据项;面向全国各级政务部门发布了118个数据服务接口;疏通了20个领域"放管服"改革的堵点问题。

推动数字化转型和试点示范。在促进大数据发展部际联席会议各部门共同推动下,组建了国家大数据专家咨询委和创新联盟,推动大数据标准工作组组织机制创新,召开中国国际大数据产业博览会,推进实施了大数据重大工程、创新能力专项和数字经济试点重大工程,深化贵州等8个国家大数据综合试验区建设。交通运输部、原国家旅游局牵头,会同有关部门在9省市推进交通旅游服务大数据试点。科技部牵头,推动实施"科技创新2030—重大工程"。国家发展改革委牵头,在贵州、河南等地开展社会信用体系与大数据融合发展试点工作。大数据在各行业领域应用不断深入。

促进大数据应用创新。国家发展改革委、网信办、工信部在贵州、上海、北京等地推动开展"数聚华夏 创享未来"中国数据创新行系列活动。气象局加快推动气象数据向公众开放,累计服务1.7亿人次,提供数据服务量达36TB。"信用中国"网站公开各类信息1.4亿条,累计服务超过30亿人次。工信部指导出版发布《大数据优秀产品、服务和应用解决方案案例集》。商务部、教育部联合举办大数据服务外包创新创业大赛,吸引全国近400所高校参赛。原农业部组织举办首届全国新农民新技术创业创新博览会,推进农业大数据应用。大数据由"概念"阶段进入"落地"阶段,全国大数据创新应用水平不断提升。

四、进一步深化科技教育制度改革

推动产教融合发展。国务院办公厅印发《关于深化产教融合的若干意见》,从构建教育和产业统筹融合发展格局、强化企业重要主体作用、推进产教融合人才培养改革、促进产教供需双向对接、完善政策支持体系等方面提出 26 项具体举措,明确用 10 年左右时间,推动教育和产业相融合、形成良性互动的发展格局。

推动成果转移转化。国务院印发《国家技术转移体系建设方案》,明确到 2025 年,结构合理、功能完善、体制健全、运行高效的国家技术转移体系全面建成,技术市场充分发育,各类创新主体高效协同互动,技术转移体制机制更加健全,科技成果的扩散、流动、共享、应用更加顺畅。

强化创新创业教育。中共中央办公厅、国务院办公厅印发《关于深化教育体制机制改革的意见》,提出要把创新创业教育贯穿人才培养全过程,建立健全学科专业动态调整机制,完善课程体系,加强教材建设和实训基地建设,完善学分制,实施灵活的学习制度,鼓励教师创新教学方法。国务院印发《国家教育事业发展"十三五"规划》,提出鼓励高校通过无偿许可的方式向学生授权使用科技成果,引导学生创新创业,鼓励各省级政府统筹区域内高校、企业、产业园区、孵化基地、风险投资基金等资源,扶持大学生创业。

五、健全人才评价激励类制度

完善面向科技工作者的奖励机制。国务院办公厅印发《关于深化科技奖励制度改革的方案》,从改革完善国家科技奖励制度、引导省部级科学技术奖高质量发展、鼓励社会力量设立的科学技术奖健康发展等方面提出具体举措。

持续深化职称制度改革。中共中央办公厅、国务院办公厅印发《关于深化职称制度改革的意见》，从健全职称制度体系、完善职称评价标准、创新职称评价机制、促进职称评价与人才培养使用相结合、改进职称管理服务方式等方面着手，深化职称制度改革。

健全绩效评价考核体系。科技部、财政部、人力资源社会保障部印发《中央级科研事业单位绩效评价暂行办法》，制定了基础前沿研究类科研事业单位、公益性研究类科研事业单位、应用技术研发类科研事业单位的绩效评价指标框架。

六、不断深化国有企业改革

全面完成中央企业公司制改制工作。国务院办公厅印发《关于进一步完善国有企业法人治理结构的指导意见》《中央企业公司制改制工作实施方案》，2017 年国有企业公司制改革基本完成。

改革国资管理机制。国务院办公厅转发《国务院国资委以管资本为主推进职能转变方案》，明确了国资委"管资本"的重点职能，精简工作事项 43 项，其中取消监管事项 26 项、下放 9 项、授权监管 8 项。

稳妥实施混合所有制改革。纳入第一、第二批混合所有制改革试点的 19 家中央企业改革有序推进。其中，近半数试点企业基本完成引入投资者、设立新公司、重构公司治理机制、建立内部激励机制等工作。第三批的 31 家混合所有制改革试点名单已经确定。到 2017 年年底，中央企业混合所有制企业户数占比在三分之二左右，上市公司资产占比近三分之二，国有资本助推创新创业功能不断放大。

七、进一步健全创新创业税收优惠政策体系

继续制定普惠性税收优惠政策。财政部、国税总局印发《关于简并增值税税率有关政策的通知》，2017 年 7 月 1 日起，简并增值税

税率结构，取消13%的增值税税率。财政部、国税总局印发《压缩财税优惠办理时间改革实施方案》，提出要简化优化财税优惠办理环节和流程，提升公共服务水平，不断释放创业创新活力。2017年全年减税降费超过1万亿元。

持续减少小微企业负担。财政部、税务总局印发《关于支持小微企业融资有关税收政策的通知》《关于小额贷款公司有关税收政策的通知》等，提出对金融机构向农户、小型企业、微型企业及个体工商户发放小额贷款取得的利息收入，免征增值税。对金融机构与小型企业、微型企业签订的借款合同免征印花税。自2017年1月1日至2019年12月31日，对经省级金融管理部门批准成立的小额贷款公司取得的农户小额贷款利息收入，免征增值税，并在计算企业所得税应纳税所得额时，减按90%计入收入总额。印发《关于扩大小型微利企业所得税优惠政策范围的通知》，将小型微利企业的年应纳税所得额上限由30万元提高至50万元。财政部、税务总局、科技部联合印发《关于提高科技型中小企业研究开发费用税前加计扣除比例的通知》，进一步提高研究开发费用税前加计扣除比例。

扩大创业投资主体税收优惠政策覆盖范围。财政部、税务总局、证监会印发《关于继续执行沪港股票市场交易互联互通机制有关个人所得税政策的通知》，对内地个人投资者通过沪港通投资香港联交所上市股票取得的转让差价所得，继续暂免征收个人所得税。财政部、税务总局印发《关于创业投资企业和天使投资个人有关税收试点政策的通知》，提出创业投资企业、天使投资个人投资抵扣税收优惠政策。

丰富支持重点群体创新创业的税收政策。财政部相关部门印发《关于继续实施扶持自主就业退役士兵创业就业有关税收政策的通知》《关于继续实施支持和促进重点群体创业就业有关税收政策的通知》，对相关人员创业提供政策支持。符合条件的人员在3年内按每户每年 8000 元为限额依次扣减其当年实际应缴纳的增值税、城市维护建设税、教育费附加、地方教育附加和个人所得税。

八、高质量建设自贸试验区

扩大自贸试验区范围。国务院印发《中国(辽宁、浙江、河南、湖北、重庆、四川、陕西)自由贸易试验区总体方案》,批准设立辽宁等 7 个自贸试验区,在贸易投资便利化、金融开放创新、政府职能转变、支持创新创业、加强事中事后监管、服务国家战略等领域开展改革探索,并围绕各自战略定位开展差别化探索。

深化自贸试验区改革开放。为全面深化自贸试验区改革开放,加快构建开放型经济新体制,在新一轮改革开放中进一步发挥引领示范作用,国务院印发了《全面深化中国(上海)自由贸易试验区改革开放方案》,以最高标准扩大对外开放。国务院办公厅印发《自由贸易试验区外商投资准入特别管理措施(负面清单)(2017 年版)》,大幅放宽外商投资准入限制,特别管理措施进一步减少至 95 条,比 2013 年版的 190 条减少一半。

加快形成改革试点经验。国务院自由贸易试验区工作部际联席会议办公室会同上海、广东、福建、天津 4 省市,梳理总结出新一轮自贸试验区制度创新成果,印发了 5 项改革试点经验以及 4 个最佳实践案例。截至 2017 年年底,上海等 4 个自贸试验区共形成了 123 项改革试点经验在全国或特定区域范围复制推广。

第二节　完善扶持政策

2017 年我国政府进一步加大政策支持力度,重点围绕营造创新创业生态、完善多层次资本市场、建设示范试点、选拔高层次人才、振兴实体经济等方面,出台了一系列政策举措并不断推进落地实施,有力助推大众创业、万众创新。

一、进一步加强新政策供给

健全创新创业政策顶层设计。国务院印发《关于强化实施创新驱动发展战略进一步推进大众创业万众创新深入发展的意见》,提出 39 条举措,为进一步系统性优化创新创业生态环境,强化政策供给,突破发展瓶颈,充分释放全社会创新创业潜能指明了方向、明确了措施,标志着大众创业、万众创新进入了新的发展阶段。

培育优质区域创新载体。国务院办公厅印发《关于促进开发区改革和创新发展的若干意见》,从优化开发区形态和布局、加快开发区转型升级等方面提出 21 条举措,明确把各类开发区建设成为大众创业、万众创新的集聚区,通过完善融资、咨询、培训、场所等创新服务,培育创新创业生态。

形成鼓励改革创新良好氛围。国务院办公厅印发《关于对 2016 年落实有关重大政策措施真抓实干成效明显地方予以表扬激励的通报》,对北京市、上海市、浙江省、湖北省、广东省等在创新创业方面成效显著的地方予以政策、资金等支持奖励。

营造企业家干事创业氛围。中共中央、国务院印发《关于营造企业家健康成长环境弘扬优秀企业家精神更好发挥企业家作用的意见》,从营造依法保护企业家合法权益的法治环境等方面提出 27 条举措,为企业家营造良好的创新创业生态。

二、完善投融资环境

引导金融机构加大支持力度。人民银行印发《关于做好 2017 年信贷政策工作的意见》,要求银行业金融机构加强与"双创"示范基地及各类众创空间等"双创"载体合作,加大对创业创新企业的金融支持力度。人民银行联合工业和信息化部等 4 部委出台《关于金融支持制造强国建设的指导意见》，着力加强对制造业科技创新、转型升级和科技型中小制造企业的金融支持，探索为制造业创新中心等公共服务平台提供创新型、多元化融资服务，支持关键共性技术研发和科技成果转化应用。原银监会印发《关于提升银行业服务实体经济质效的指导意见》，推动银行业发展与实体经济振兴紧密结合。

推动区域性股权市场规范发展。国务院办公厅印发《关于规范发展区域性股权市场的通知》，明确了规范发展区域性股权市场的总体原则。证监会发布《区域性股权市场监督管理试行办法》作为配套政策，明确界定中央和地方监管职责。

全面激发民间投资活力。国务院办公厅印发《关于进一步激发民间有效投资活力促进经济持续健康发展的指导意见》，明确提出要精简合并投资项目报建审批事项、允许失业保险总费率为 1.5% 的地方将总费率阶段性降至 1% 等多项具体要求。国家发展改革委印发《关于鼓励民间资本参与政府和社会资本合作（PPP）项目的指导意见》《关于全面开展民间投资项目报建审批情况清理核查工作的通知》作为配套政策。国务院办公厅印发《关于进一步激发社会领域投资活力的意见》，进一步激发医疗、养老、教育、文化、体育等社会领域投资活力。工业和信息化部、国家发展改革委等 16 个部门联合印发《关于发挥民间投资作用推进实施制造强国战略的指导意见》。

积极利用外资推动创新创业发展。国务院印发《关于扩大对外开放积极利用外资若干措施的通知》《关于促进外资增长若干措施的通知》，分别提出了 20 条和 22 条具体举措，为进一步促进外资增长，提高利用外资质量提供了政策保障。作为配套政策，财政部、税务总局联合印发《关于完善企业境外所得税收抵免政策问题的通知》，财政部、税务总局、国家发展改革委、商务部联合发布《关于境外投资者以分配利润直接投资暂不征收预提所得税政策问题的通知》。

三、强化示范平台建设与政策先行先试

推广全面创新改革重大举措。国务院办公厅印发《关于推广支持创新相关改革举措的通知》，将有关改革举措在京津冀、上海、广东(珠三角)、安徽(合芜蚌)、四川(成德绵)、湖北武汉、陕西西安、辽宁沈阳等全面创新改革试验区域内推广13项改革举措先行先试。

建立共享经济示范平台。国家发展改革委办公厅印发《关于推动发展第一批共享经济示范平台的通知》，在重点领域推动发展一批共享经济示范平台，推动互联网、大数据、人工智能和实体经济深度融合，培育发展一批共享经济骨干企业。

创建中小企业服务示范平台。工业和信息化部印发《国家中小企业公共服务示范平台认定管理办法》《工业和信息化部办公厅关于推荐2017年度国家中小企业公共服务示范平台的通知》，授予188个平台"国家中小企业公共服务示范平台"称号。

建设社会信用体系示范城市。国家发展改革委办公厅、人民银行办公厅印发了《关于印发首批社会信用体系建设示范城市名单的通知》，确定杭州市、南京市、厦门市、成都市、苏州市、宿迁市、惠州市、温州市、威海市、潍坊市、义乌市、荣成市等12个城市为社会信用体系建设示范城市。

四、健全人才政策

支持事业单位专业技术人员创新创业。人力资源社会保障部印发《关于支持和鼓励事业单位专业技术人员创新创业的指导意见》，从支持和鼓励事业单位专业技术人员兼职创新或者在职创办企业、离岗创新创业等方面提出多项举措。

便利外籍人才入境和停居留。公安部发挥出入境政策在聚焦创新创业人才方面的优势,将相关出入境政策措施复制推广到国家有关自贸试验区及全面创新改革示范区,涉及签证、入出境、停居留、永久居留等方面,为外籍高层次人才、外籍华人、留学生等群体来华创新创业提供便利。

推动高水平人才选拔举荐工作。人力资源社会保障部办公厅印发《关于开展 2017 年百千万人才工程国家级人选选拔工作的通知》。人力资源社会保障部、中国科协联合印发《关于表彰全国科协系统先进集体先进工作者的决定》,授予共计 200 个集体奖项和 497 个个人奖项,其中 31 名被授予"全国科协系统先进工作者标兵"荣誉称号的人员,享受省部级先进工作者和劳动模范待遇。

设立国家级高层次人才奖项。设立了"全国创新争先奖",每三年评选表彰一次,2017 年共评选产生了 10 个奖牌获奖团队,28 名奖章获奖人选,254 名奖状获奖人选。

放宽高层次人才落户政策。公安部积极指导各地认真贯彻落实中央决策部署,普遍实施大学生等人才优先落户的政策。目前,除极少数超大城市外,各地全面放开了对高校毕业生、技术工人、职业院校毕业生、留学归国人员的落户限制。

加强青年创业人才培养。中共中央组织部等 5 部门印发《高校毕业生基层成长计划》,提出力争用 10 年左右的时间,建设一支结构合理、素质优良、作风过硬的基层青年人才队伍。共青团中央、人力资源社会保障部联合评选"中国青年创业奖",共青团中央、原农业部联合评选"全国农村青年致富带头人"。

五、振兴实体经济

降本增效振兴实体经济。国务院办公厅印发《关于进一步推进物流降本增效促进实体经济发展的意见》,提出 27 条具体举措,进一步推进物流降本增效,着力营造物流业良好发展环境,提升物流业发展水平,促进实体经济健康发展。

启动工业互联网发展计划。国务院印发《关于深化"互联网+先进制造业"发展工业互联网的指导意见》,提出到 2035 年建成国际领先的工业互联网网络基础设施和平台,到本世纪中叶,工业互联网网络基础设施全面支撑经济社会发展。

第三节 优化创新创业生态

2017 年,国家继续实施一系列重大举措,通过加强创业支持力度、加大平台建设力度、优化资源配置效率、健全服务体系建设、完善教育培训制度,推动创新创业服务水平再上新高。

一、大力支持创业就业

出台就业"十三五"规划。国务院印发《"十三五"促进就业规划》,明确到 2020 年要实现的目标,提出 62 项具体任务并落实到各部门,包括"十三五"时期城镇新增就业 5000 万人以上,全国城镇登记失业率控制在 5%以内、劳动年龄人口平均受教育年限达到 10.8 年等,该规划是"十三五"时期指导全国促进就业工作的战略性、综合性、基础性规划。

支持基层创业就业。中共中央办公厅、国务院办公厅印发了《关于进一步引导和鼓励高校毕业生到基层工作的意见》,对引导和鼓励高校毕业生到基层工作提出了明确要求。国务院办公厅印发《兴边富民行动"十三五"规划》,全力推动边民就地就近就业创业。根据抽样调查,2017 年第四季度返乡农民工中有 10.9%的人员选择了创业。全国返乡下乡创业人员已经超过 700 万,平均每名返乡创业者能带动 4 名左右新的就业者。

健全就业创业政策举措。国务院印发《关于做好当前和今后一段时期就业创业工作的意见》，提出坚持实施就业优先战略、支持新就业形态发展、促进以创业带动就业、抓好重点群体就业创业、强化教育培训和就业创业服务五个方面 23 条举措。财政部、人力资源社会保障部配套出台《就业补助资金管理办法》，完善了创业资金支持政策。

完善公共创业服务体系。各级人社部门依托覆盖城乡的公共就业服务体系，不断完善创业服务功能，摸清劳动者创业意愿和创业需求，每年为 340 多万人次提供项目开发、开业指导、融资服务、政策咨询、跟踪扶持等创业服务。一些地方结合实际，整合多方职能和行政资源，探索设立了综合服务中心，为创业者集中提供"一站式""一条龙"便捷服务。

二、加强示范基地建设

成功形成首批"双创"高地。首批 28 家"双创"示范基地开花结果，取得良好的效果，形成了北京中关村、深圳创业湾等一批"双创"高地，打造了航天云网、海尔集团、阿里巴巴、贵州大数据等一批"双创"品牌，探索了"园区＋资本""网络平台＋创业模式"等"双创"模式。

积极推进第二批"双创"示范基地建设。国务院办公厅印发《关于建设第二批大众创业万众创新示范基地的实施意见》，明确了第二批共 92 个双创示范基地，包括北京市顺义区等 45 个区域示范基地，北京大学、中国科学院西安光学精密机械研究所等 26 个高校和科研院所示范基地，中国航空工业集团公司等 21 个企业示范基地。国家发展改革委配套印发《关于做好第二批大众创业万众创新示范基地建设工作的通知》，推动"双创"示范基地向更大范围、更高层次、更深程度发展。

三、完善市场化创业服务体系建设

有序推进创新平台体系建设。科技部印发《2017 年度国家备案众创空间名单》《2017 年度国家级科技企业孵化器名单》,分别确定639 家众创空间为国家备案众创空间、125 家单位为国家级科技企业孵化器。

持续加强技术聚集区建设支持力度。科技部印发《国家技术创新中心建设工作指引》《国家科技成果转移转化示范区建设指引》、《"十三五"现代服务业科技创新专项规划》等指引和规划,在科技成果转化示范区建设等方面加大支持力度。

完善科技资源共享与保障体系建设。国家发展改革委会同有关部门印发《国家重大科技基础设施建设"十三五"规划》。科技部会同有关部门印发《"十三五"国家科技创新基地与条件保障能力建设专项规划》《国家重大科研基础设施和大型科研仪器开放共享管理办法》,对国家科技创新基地与科技基础条件保障能力体系建设提供指导。

推动服务业创新发展。国家发展改革委印发《服务业创新发展大纲(2017—2025 年)》,推进服务业与农业、制造业及服务业不同领域之间的深度融合,形成有利于提升中国制造核心竞争力的服务能力和服务模式。

四、健全知识产权保护体系

维权打假构建良好环境。国务院印发《关于新形势下加强打击侵犯知识产权和制售假冒伪劣商品工作的意见》,提出 13 条具体举措,计划到 2020 年,侵权假冒高发多发的势头得到有效遏制,市场监管体系和监管能力现代化水平明显提升。国务院办公厅配套印发

《关于印发 2017 年全国打击侵犯知识产权和制售假冒伪劣商品工作要点的通知》,提出 31 条举措。全国打击侵犯知识产权和制售假冒伪劣商品工作领导小组办公室等 12 部门联合印发《外商投资企业知识产权保护行动方案》,在全国范围内集中打击侵犯外商投资企业知识产权违法犯罪行为。

搭建平台完善知识产权服务体系。2017 年 9 月,中国知识产权公证服务平台正式开通。国家知识产权局办公室与教育部办公厅联合印发《高校知识产权信息服务中心建设实施办法》,支撑高校协同创新和优势学科建设,促进高校科技成果转化。

试点示范探索新模式新机制。2017 年,国家知识产权局批复广州市等 14 个城市开展知识产权强市创建工作;印发《关于确定国家知识产权试点城市(城区)的通知》,确定北京市怀柔区等 31 个城市(城区)为国家知识产权试点城市;印发《关于确定国家知识产权示范园区的通知》《关于确定国家知识产权试点园区的通知》,确定 8 个园区为国家知识产权示范园区、27 个园区为国家知识产权试点园区;印发《关于确定第二批国家级知识产权保护规范化市场的通知》,确定第二批国家级知识产权保护规范化市场共 32 家;与工信部联合印发《关于确定中小企业知识产权战略推进工程试点城市的通知》,确定 20 个中小企业知识产权战略推进工程试点城市。要求试点城市把中小企业集聚的园区作为中小企业知识产权战略推进工程的重点实施范围,细化工作计划,落实专项经费,积极开展专利导航和运营工作,加大知识产权保护力度,提升知识产权管理水平,优化知识产权服务体系,大力培养知识产权人才,营造良好的知识产权环境。

不断深化商标申请便利化改革。截至 2017 年年底,我国商标累计申请量 2784.2 万件,累计注册量 1730.1 万件,有效注册商标量 1492.0 万件,连续 17 年位居世界第一。

五、加强创业教育和培训

推进创业培训带动就业。教育部印发《关于做好2018届全国普通高等学校毕业生就业创业工作的通知》,对创业培训等相关工作进行了部署。人社部印发《关于持续开展离校未就业高校毕业生技能就业行动的通知》,要求各地加强离校未就业高校毕业生职业培训,培训后就业创业率力争达到90%以上。麦可思研究院联合中国社科院发布的《中国大学生就业报告》显示,大学生毕业即创业比例从2011届的1.6%上升到2017届的3.0%。

发挥创业资金引导作用。教育部自2014年起实施产学合作协同育人项目,2017年已有89家企业支持项目4500余项,资助经费约2.6亿元。同时,设立大学生创新创业教育专项基金,"十三五"期间每年拿出5000万元用于支持大学生创新创业。

大力推动"双创"教育改革示范。教育部办公厅印发《关于公布首批深化创新创业教育改革示范高校名单的通知》《关于公布第二批深化创新创业教育改革示范高校名单的通知》,先后认定北京大学等200所高校为"全国深化创新创业教育改革示范高校"。

第四节 发展新动能提供新机遇

发展是第一要义,创新是第一动力,创新驱动发展成为时代强音。伴随我国经济发展进入新常态,快速崛起的新动能,正在重塑经济增长格局,深刻改变生产生活方式,成为创新创业发展的新航标,进一步夯实了创新创业的基础,培育大量新兴业态,助力实体经济转型发展。

一、持续完善创新创业基础条件

充分发挥高新区作用。高新区正成为推动"双创"的战略力量。科技部印发《国家高新技术产业开发区"十三五"发展规划》提出，到"十三五"末，国家高新区数量将达到240家左右。

全面推进政务信息公开。国务院办公厅印发《关于推进公共资源配置领域政府信息公开的意见》《关于推进重大建设项目批准和实施领域政府信息公开的意见》《推行行政执法公示制度执法全过程记录制度重大执法决定法制审核制度试点工作方案》《开展基层政务公开标准化规范化试点工作方案》等文件。

推动资源下沉基层。国务院办公厅印发《关于县域创新驱动发展的若干意见》，提出要强化科技与县域经济社会发展有效对接，打通从科技强、产业强到经济社会发展强的通道。

完善基本公共服务。国务院印发《"十三五"推进基本公共服务均等化规划》，提出了要大力推动大众创业、万众创新，鼓励以创业带动就业，健全覆盖城乡的公共就业创业服务体系。

二、统筹布局重大科技基础设施

建设综合性国家科学中心。按照党中央、国务院的决策部署，完成北京怀柔、安徽合肥综合性国家科学中心建设方案，推动硬 X 射线自由电子激光装置、综合极端条件、核聚变堆主机综合研究设施、转化医学设施、地球数值模拟器、高效低碳燃气轮机、多模态医学影像设施等具有全球影响力的重大科技基础设施向综合性国家科学中心集聚。依托设施群建设了一大批交叉科学研究平台、产业技术创新平台、创新创业服务平台，集聚高水平科学家和创业团队，促进技术型创业。

推进一批重大设施建设。按照《国家重大科技基础设施建设

"十三五"规划》部署,新启动硬X射线自由电子激光装置、高能同步辐射光源等12项重大科技基础设施建设。完成稳态强磁场实验装置国家验收,磁体技术和综合性能国际领先。加快推动散裂中子源、蛋白质科学研究设施加快建设,为创新创业提供坚实的物质技术基础。

强化对重大原创性研发支撑。依托稳态强磁场实验装置开展研发,在《科学》《自然》等国际权威杂志发表800多篇高水平论文,论文数量已超过法国和荷兰。"东方超环"(EAST)实现了5000万度等离子体稳定持续燃烧101.2秒,创造新的世界纪录。500米口径球面射电望远镜(FAST)探测到数十个优质脉冲星候选体,其中6颗通过国际认证,实现中国对脉冲星观测零的突破。上海超强超短激光实验装置(SULF)研制工作取得重大突破,成果实现了10拍瓦激光放大输出,激光脉冲峰值功率创世界纪录,装置建设达到国际同类研究的领先水平。

三、培育新业态新模式

促进产业高质量转型发展。中共中央、国务院印发《关于开展质量提升行动的指导意见》,国务院办公厅印发《关于推动国防科技工业军民融合深度发展的意见》《关于促进建筑业持续健康发展的意见》《"十三五"生物产业发展规划》等文件。工信部印发《高端智能再制造行动计划(2018—2020年)》,提出到2020年,推动我国再制造产业规模达到2000亿元。

推动分享经济快速发展。为进一步营造公平规范的市场环境,促进分享经济更好更快发展,国家发展改革委等部门联合印发《关于促进分享经济发展的指导性意见》,提出了16项指导意见。

支持特色产业振兴。国务院办公厅转发原文化部、工业和信息化部、财政部《中国传统工艺振兴计划》,提出10项重点任务,推动传统工艺与现代经济实现融合发展。工业和信息化部、民政部、原国家卫生计生委联合印发《智慧健康养老产业发展行动计划（2017—2020年）》，提出到2020年，基本形成覆盖全生命周期的智慧健康养老产业体系。

培育壮大人工智能产业。国务院印发《新一代人工智能发展规划》，工信部配套印发《促进新一代人工智能产业发展三年行动计划（2018—2020年）》，对我国人工智能发展提出明确的时间表和路线图，到2030年，人工智能理论、技术与应用总体达到世界领先水平，成为世界主要人工智能创新中心。

四、推动数字经济与实体经济融合发展

扩大信息消费规模。国务院印发《关于进一步扩大和升级信息消费持续释放内需潜力的指导意见》，提出到2020年，信息消费规模预计达到6万亿元，年均增长11%以上，信息技术在消费领域的带动作用显著增强，拉动相关领域产出达到15万亿元。2017年中国信息消费规模达到4.5万亿元，占最终消费支出比重达到10%。全年电子商务交易总额超过29万亿元，网络零售额7.2万亿元，直接或间接带动就业达4250万人。

推动制造业、互联网与"双创"融合发展。工信部印发《制造业"双创"平台培育三年行动计划》，推动"中国制造2025+互联网+双创"协同发展。截至2017年年底，工业企业数字化研发设计工具的普及率达到63%、关键工序数控化率超过46%，制造业骨干企业"双创"平台普及率达到70%。

支持数字经济重点项目。国家发展改革委办公厅印发《关于组织实施2018年"互联网+"、人工智能创新发展和数字经济试点重大工程的通知》。工信部印发《2017年中德智能制造合作工作安排》《2017年中德智能制造合作试点示范工作的通知》，确定了17个中

德智能制造试点示范项目。

发展工业电子商务。工信部印发《工业电子商务发展三年行动计划》,提出五大行动,到2020年规模以上工业企业电子商务采购额达到9万亿元、电子商务销售额达到11万亿元,重点行业骨干企业电子商务普及率达到60%。

完善数字经济基础设施。为促进移动互联网产业持续快速健康发展,工信部印发《移动互联网综合标准化体系建设指南》,提出31项移动互联网综合标准化体系研制标准。

五、积极推动"互联网+"行动

强化多部门统筹协调推进机制。召开"互联网+"行动部际联席会议第二次会议,部署2017年100项重点任务,深入推进"互联网+"行动。开展"互联网+"行动实施效果评估工作,全面客观反映政策实施效果,推进"互联网+"行动的实践经验。

加强信息基础设施网络建设。发展改革委会同有关部门编制印发《信息基础设施重大工程建设三年行动方案》,组织实施国家新一代信息基础设施建设工程。推动第四代移动通信(4G)网络全面覆盖,目前我国已建成全球规模最大的4G网络,4G用户超10亿户。加强对第五代移动通信技术(5G)、量子保密通信等前沿技术研究,推动5G规模组网建设及应用示范工程。

加快实施"互联网+"重大工程。围绕促进实体经济转型升级,深入实施"互联网+"重大工程,重点支持物联网、云计算、人工智能等"互联网+"战略性、基础性、公共性支撑平台建设,推动互联网、大数据、人工智能和实体经济深度融合,不断驱使经济发展质量变革、效率变革、动力变革。

大力培育共享经济。国务院印发《新一代人工智能发展规划》,加快推动人工智能技术创新和产业发展。发展改革委等八部门联合印发《关于促进分享经济发展的指导性意见》，加强分类指导，创新监管模式，推进协同治理，支持和引导各类市场主体积极探索共享经济新业态新模式。推动成立中国人工智能产业发展联盟，通过搭建政产学研平台，汇聚各方资源，助力产业创新发展。

第五节　营造创新创业文化氛围

优良的创新创业生态离不开浓郁的创新创业文化。2017 年，顺应创新创业持续向纵深推进的大环境、大趋势，相关部门持续举办"双创"活动周、开展创新创业大赛，更加重视国际交流合作。

一、成功举办全国大众创业、万众创新活动周

第三届全国大众创业、万众创新活动周于 2017 年 9 月 15 日至21 日举行，主题为"双创促升级，壮大新动能"，国务院总理李克强作出重要批示。活动周设立了上海主会场和北京会场，在全国各地设立分会场，并首次同步举办海外"双创"周。同时，从 2017 年 4 月到12 月，在全国范围内持续举办了 21 站"创响中国"活动。

二、多方开展创新创业大赛

举办"互联网+"大学生创新创业大赛。由教育部、中央网信办、国家发展改革委等共同主办第三届中国"互联网+"大学生创新创业大赛，习近平总书记回复了大赛"青年红色筑梦之旅"的大学生来信。大赛共吸引了 2241 所高校参赛，团队报名项目 37 万个、参与学生 150 万人。

举办"创客中国"创新创业大赛。工业和信息化部印发《关于举办 2017 年"创客中国"创新创业大赛的通知》，举办 2017 年"创客中

国"创新创业大赛。本次大赛共举办了12场区域赛和12场专题赛，吸引了众多细分行业的优质项目参与，数量达到5275个项目，比2016年增长了65%。充分发挥"创客中国"国家创新创业公共服务平台作用，着力打造为中小企业和创客提供交流展示、产融对接、项目孵化的平台，推动中小微企业"上云"。

举办全国农村创业创新项目创新意大赛。原农业部印发《关于举办全国农村创业创新项目创新意大赛的通知》，共有27个省（区、市）3万多选手和项目参加省级选拔赛。在苏州总决赛决出20个优秀项目，时任副总理汪洋接见了大赛获奖选手。

举办中国深圳创新创业大赛第二届国际赛。参与本届国际赛的创投机构达34家，组合形成总额209亿元人民币的创投资金池，对大赛优秀项目进行组合投资。在参加深圳总决赛的99个项目中，65个项目与深圳市各园区达成初步合作意向，11个项目已正式落户深圳发展。

举办"创青春"中国青年创新创业大赛。共青团中央、中央网信办、工业和信息化部、人力资源社会保障部、原农业部、商务部、国务院扶贫办等共同主办第四届"创青春"中国青年创新创业大赛，全国8万余个创业项目、30万余名创业青年参加。

举办第六届中国创新创业大赛。大赛于2017年4月7日在北京正式启动。启动会上发布《中国创新创业大赛行业分析报告》，大赛按照电子信息、互联网及移动互联网、生物医药、先进制造、新能源及节能环保、新材料6个领域，在6个不同城市进行总决赛。

举办中国妇女创业创新大赛。2017年9月，全国妇联在浙江杭州举办首届中国妇女创业创新大赛，吸引各行业各领域近60万名妇女参与，全国31个省区市和新疆兵团推荐赛项目1242个，进入决赛的30个项目获得了12.5亿元的意向投资。大赛期间还举办了中国妇女创业创新高峰论坛。

举办中央企业熠星创新创意大赛。国资委、发展改革委、教育部等共同主办中央企业熠星创新创意大赛,从网络安全、大数据与云计算、人工智能与无人系统、物联网与新型智慧城市四个方向,共征集到来自76家中央企业和社会其他创新主体的1237个参赛项目,获得各类投资机构投资总计9.35亿元,签订产品订单总额达5.21亿元。

三、开展全国创业就业服务展示交流活动

2017年9月14日—11月17日,国资委在北京举办了"中央企业贯彻落实新发展理念、深入实施创新驱动发展战略、大力推动双创工作成就展",集中展示了党的十八大以来中央企业取得的重大创新成果和"双创"成效。展出44天累计参观人数达4万多人次。

2017年9月15日—19日,人力资源社会保障部和山东省人民政府在济南市共同举办首届全国创业就业服务展示交流活动。集中展示了来自全国各地的170个优秀项目,展现创业培训、创业服务、就业服务等方面的新理念、新方法,以及服务培育出的优秀创业项目,全方位呈现党的十八大以来我国创业就业服务的崭新面貌。累计有9万多人次入场参观,11万多人次在线观展。举办了新旧动能转换企业峰会、创业大讲堂、创业服务座谈会、创业研究成果发布会等活动,近3000人现场参与交流。

四、持续推动创新创业国际化

"双创"全球影响力不断提升。2017年4月,联合国大会将"大众创业、万众创新"理念写入相关决议,呼吁世界各国大力支持创业创新。2017年夏季达沃斯论坛开幕式上,世界经济论坛主席施瓦布认为:"中国正向世界展示出更加强大的引领第四次工业革命的能力,这一新时期成功的秘诀,就是大众创业、万众创新。"

推动中小企业国际交流合作。中小微企业是实施大众创业、万众创新的重要载体。2017 年 4 月 6 日，联合国大会举行的全体大会决定每年 6 月 27 日为"中小微企业日"，旨在肯定中小微企业在经济发展中所发挥的重要作用。自 2004 年起，工业和信息化部会同相关单位共同举办了十四届中国国际中小企业博览会，为中小企业搭建了"展示、交易、交流、合作"的平台，成为世界各国中小企业进入中国、中国中小企业走向世界的重要桥梁。2017 年，共有包括中国在内的 35 个国家和地区的 3056 家企业参展，达成合同及意向项目 1688 个，合同及意向总金额 877.37 亿元。

创新创业研究和服务机构更加重视国际交流合作。人力资源和社会保障部与清华大学共建了二十国集团创业研究中心，推动二十国集团创业活动的发展。以瀚海控股集团和启迪控股集团为代表的中国科技孵化企业相继在美国、德国等发达国家建立科技园和孵化器，将适应中国市场的创业服务体系与全球资源对接。同时，国外知名的创业服务机构也越来越重视中国市场，以 Plug&Play Tech Center、500startups 等为代表的硅谷孵化器也积极与中国合作，在中国建立孵化器。

第二章　创新创业服务

2017 年,各地区各部门认真贯彻落实党的十九大精神,深入实施创新驱动发展战略,坚持以供给侧结构性改革为主线,积极顺应和把握"双创"大趋势,以提高创业服务质量为主攻方向,持续推进"双创"载体、创业辅导和培训发展,为更多社会主体投身创新创业提供了全面、多样化的服务。

第一节　众创空间

2017 年众创空间整体势头良好,在经过数量爆发式增长后,开始进入量质转换阶段,呈现出规模扩张、资本赋能、作用增强、模式创新、政策加码等特点。

一、发展规模快速扩张

2017 年,全国纳入火炬统计的众创空间超过 5700 家,与 2016 年相比增幅超过 33%。众创空间总面积超过 2500 万平方米。提供工位数超过 105 万个,同比增长 36%。当年服务的创业团队和初创企业超过 41 万个,同比增长 52%。当年新注册企业超过 8.7 万家,同比增长 22%。举办的各类创业活动和创业培训超过 25 万场,同比增长 37%。吸纳就业超过 170 万人,其中吸纳毕业两年内大学生就业超过 46 万人。众创空间在全国遍地开花,规模不断壮大,成为服务"双创"的基石。

二、投融资能力显著提升

2017 年,资本更加深入参与到众创空间的发展中,成为培育企业成长的有效手段,同时又助推众创空间提质增效。一方面,众创空间助力企业获得投资的三类模式(以众创空间自身投资为主、以引入社会资本投资为主或二者相结合)更加清晰。2017 年众创空间帮助 1.8 万余个创业团队和企业获得投资,总额超过 670 亿元人民币,其中民间社会资本投资超过 570 亿元人民币,众创空间自身投资创业企业超过 70 亿元人民币。另一方面,优质的众创空间受到资本青睐。截至 2017 年年底,共有优客工场、创新工场、银江孵化器、苏河汇、因果树等 1091 家众创空间获得社会资本投资。

三、带动作用持续凸显

众创空间经过三年的发展,已培育出一批共享经济、互联网领域的领军企业,在改变人们生活方式的同时,也吸引越来越多的人才投身创新创业。

专栏 2-1　我国众创空间培育的典型优质企业

曾入驻苏大天宫众创空间的江苏汇博机器人公司,专门从事工业机器人、服务机器人及精密作业机器人的研发和生产,截至目前该公司累计获得投资 1.5 亿元,2017年销售收入达到 2.5 亿元,处于国内领先地位。曾入驻苏河汇的花加(Flowerplus),短短两年多即成为鲜花领域排名第一的企业,一年完成 4 轮融资,目前月销售额超过8000 万元,2017 年销售净额达到 6.4 亿元。此外,如英语流利说、企查查、工品汇、车通云、饿了么、1 号外卖、智伴机器人等均通过众创空间的培育发展壮大,吸引众多资本竞相投资。

四、服务模式创新发展

网络化发展模式初显。一批发展较好的众创空间,通过品牌输出或连锁经营等方式,在全国多个主要城市乃至国外设立分支机构,抢占市场,拓宽发展渠道,形成网络发展态势。毕业企业兴办众创空间模式促进良性循环。毕业于创业孵化载体的企业,由于认同创业孵化的发展理念,在发展壮大后又兴办众创空间,形成良性循环。企业院所成果转化平台培育新经济。一批龙头企业、骨干企业和科研院所通过设立众创空间,积极投身"双创"大潮,催生了以海尔集团、中航工业、四川长虹、浪潮集团为代表的国企系,以腾讯、阿里、京东为代表的民企系和以北京大学、中山大学、中科院上海微系统研究所等为代表的高校院所系,有力支撑了经济结构转型升级和提速换挡。

专栏2-2　我国众创空间发展新模式典型案例

　　网络化发展模式。优客工场成立两年多就在全球 6 个国家 30 座城市布局了 100 个共享办公空间,聚集了超过 4000 家企业。启迪之星在全国设立了 57 个联合办公空间,仅北京地区就有 8 个,形成了各具特色又相互联系的网络化格局。此外,包括北大创业训练营、腾讯、创客邦、创新工场、3W 咖啡等均在全国多地布局众创空间,进一步拓宽了发展渠道和空间。
　　毕业企业兴办众创空间模式。毕业于孵化器的猪八戒,依托其为企业提供全生命周期服务的网上开放平台,采用"线上服务+线下孵化"相结合的模式,通过众包的方式服务创业企业和团队,目前在全国建立了 20 余家众创空间和孵化器。同样从孵化器走出来的科大讯飞,开办粒子空间,将讯飞的语音识别等人工智能技术作为基础服务平台向广大创业团队和企业开放,"线上+线下"相结合供创业者基于这个公共平台开发新产品,拓展新应用,在孵化别人的同时也成就自我,拓展上下游,打通产业链。此外,包括达安基因、银江科技等毕业于孵化器的优质企业,都通过创办众创空间进一步获得发展动力,为企业注入新的发展活力。

五、制度环境持续优化

　　2017 年各地政府集中发力,出台"双创"政策累计超过 300 项。尤其是发展相对滞后地区集中发力,围绕解决阻碍创新创业发展的"堵点"和"痛点",以创业孵化载体为抓手,不断释放政策红利,充分激发"双创"主体和载体的活力,有效推动了双创发展。比如,山东推出《山东省科技企业孵化器和众创空间高新技术企业培育财政奖励资金管理办法》等 68 项具体政策措施,全面营造"双创"良好的政策环境。辽宁出台《辽宁省云启众创管理办法》等 10 余项政策。大连、沈阳、鞍山等地也积极响应推出多项举措，打造高端创新创业平台。此外，贵州、广西、甘肃等地也分别推出 10 余项政策，进一步放活体制机制，加快"双创"发展步伐。

第二节　科技企业孵化器

2017 年，随着大众创业、万众创新工作向纵深推进，创业孵化也从点向线、面延伸，逐步贯穿企业发展的整个生命周期，呈现出"体系完善、模式创新、注重实效、政府引导、国际拓展"的新态势。孵化器已成为各地方践行创新驱动发展战略，加快科技成果转化，促进经济转型升级的标准化手段。截至 2017 年年底，全国孵化器总数已达4069 家，在孵科技型中小企业 17.5 万家，累计毕业企业 11.1 万家。

一、孵化体系日趋完善

2017 年，全国孵化器达到 4069 家，其中国家级孵化器 988 家，实现包括西藏、青海、宁夏、海南在内的全国各省全覆盖。政策、人才、资金进一步向创业孵化集聚。2017 年孵化器共帮助 9571 家企业获得 479.7 亿元风险投资，聚集超过 2000 名千人计划人才，聘请专兼职创业导师达到 4.5 万人，开展创业教育培训活动 10.4 万场次，在全国形成了若干创新创业生态圈，营造了良好的创新创业氛围和环境，吸引越来越多的人才投身创业。

二、孵化模式不断创新

随着大众投身创业浪潮，创新创业的形式更加多元，内容更加丰富，相应的对孵化服务也提出了新的需求。2017 年，全国孵化器总收入达到 383 亿元,其中综合服务和投资收入达 173 亿元,占比超过 45%。创业孵化服务模式不断创新。更加精准、更加专业、更具体系的孵化模式持续涌现,助推创业企业从零到一高速成长。

专栏 2-3　我国科技企业孵化器典型模式

　　"龙头企业+孵化"模式。一批行业龙头企业积极投身孵化器建设,扶持与自身业务相关联的创业企业发展,为其提供资金、技术、人才、产业资源等全方位支持,从而拓展上下游,延伸产业链,成为地方经济转型升级、跨越发展的重要动力。
　　"新型研发机构①+孵化"模式。依托新型研发机构,集聚高端创新资源,吸引高水平创新团队开展产业关键技术研发,加速科技成果转化,成为广东、福建、江苏、湖北等地支撑实体经济发展的新平台。如截至 2017 年年底,广东省新型研发机构超过 180 家,占全省科研机构的 1/3。依托广东华中科技大学工业技术研究院打造的华科城科技孵化器,在高端制造领域已孵化企业 300 余家,其中自主创办企业 50 余家。
　　全链条孵化模式。在前期 41 家科技创业孵化链条示范的基础上,越来越多的孵化器、众创空间开始向前端或后端延伸,有规划、有布局地构建"众创空间—孵化器—加速器"的创业孵化链条,提供贯穿企业发展整个生命周期的精准化、专业化服务。如黑龙江哈尔滨高新区联合黑龙江省工业技术研究院成立孵化器,打造创业孵化链条,累计孵化企业 114 家,其中落户高新区企业 74 家,占企业总数的 65%。

三、孵化成果持续涌现

　　创新成果和优质企业从孵化器内持续涌现,一批高成长、潜力大的科技企业在孵化器成长、壮大。2017 年,全国孵化器内在孵企业一半以上从事电子信息产业,近 15% 从事高端制造,8% 从事生物医药与医疗器械,8% 从事文化创意。在孵企业当年知识产权申请数高达 19 万件,当年知识产权授权数达 9.5 万件,其中发明专利 2.1 万件,占当年度全国发明专利授权数的 5%。孵化器内的企业已成为我国高新技术企业的重要来源,是经济发展的重要内生动力。一方面,硬科技企业不断涌现。一批技术领先、市场前景广阔的技术成果通过孵化器提供的优质孵化服务,实现成果转化并成长为行业领先的硬科技企业。另一方面,"互联网+"企业发展迅猛。伴随着互联

---

　　① 新型研发机构是指以互联网为主要工具,通过产学研用合作等方式开展产业关键技术研发、科技成果转化的新业态新平台。

网的发展,一批模式创新、跨界融合的"互联网+"企业迅猛发展,通过孵化器搭建的服务平台,快速成长为行业领头羊,助推生产、消费、服务方式变革。

四、各地孵化制度环境不断优化

2017年,各地出台的"双创"政策累计超过300项。特别是围绕孵化器发展,地方政府相继出台多项政策,根据自身的发展情况,因地制宜、因势利导地解决孵化器发展中的技术、人才、资金、土地等问题,推动孵化器补足短板、长效发展。

专栏2-4 我国各地出台支持科技企业孵化器发展的主要举措

吸引高质量企业入驻孵化器。通过对入驻孵化器的企业在项目立项、投融资担保等方面给予政策支持,鼓励创业企业进入孵化器孵化。如杭州实施科技型初创企业培育工程,鼓励初创企业入驻孵化器,并优先予以资金支持。

吸引高素质人才集聚孵化器。对进入孵化器创业就业的人才,在落户、创业资金等方面给予政策支持,鼓励越来越多的优秀人才在孵化器内集聚。如北京出台积分落户政策,在孵化器就业或投资的人员均享受相应加分,强化孵化器对优秀人才的吸引力。

鼓励更多市场主体投身孵化器。通过对孵化器建设用地、建设和运营资金等方面的政策支持,鼓励更多社会主体投身孵化器建设和发展,共同构建良好的创业孵化体系。如贵阳高新区出台促进孵化器建设运营的10条措施,条条与奖励资金挂钩,针对孵化器建设、服务、投融资、公共服务平台建设等均给予相应资金支持,为贵阳大数据等特色产业蓄力。

五、孵化服务国际化步伐加速

随着联合国将"大众创业、万众创新"理念写入大会决议,中国的"双创"经验走向全球,开辟了"双创"的国际发展新空间。我国深入实施"一带一路"和全面开放战略,许多国家对我国的"双创"经验表示出浓厚的兴趣,孵化器作为内引外溢的有力手段,成为国际合作的重要内容。同时,孵化器自身也加快"走出去"步伐,目前已在24个国家建立离岸孵化基地,与74个国家建立海外合作机构。如中澳火炬创新园自2016年4月建设以来,在推动中澳双方产学研合作方面成效显著,澳方强烈要求尽快启动火炬创新园二期实体园区建设,主要吸纳科技初创企业、孵化器、投融资机构等各类创新主体和载体,致力于建成澳洲创新创业示范区和城市发展新地标。菲律宾政府近期也高度重视园区发展,对我国的孵化器建设表现出浓厚兴趣,多次表示有意与我国开展相关合作,从而带动菲律宾本土经济的发展。此外,印尼、越南、泰国等"一带一路"沿线国家,均表示有意与我国开展孵化器建设相关的科技合作。

第三节 大企业创新创业平台

2017 年,大企业"双创"平台持续爆发式增长,各类大企业"双创"平台建设成效显著,在激发企业员工活力、发挥大企业引领作用和带动全社会创新创业方面显示出较强的促进作用。

一、大企业创新创业平台持续爆发式增长

大企业创新创业平台通常是由行业领军大企业依托自身资源整合能力、技术创新能力,所创设的创新创业服务平台。大企业创新创业平台按照市场机制为创业者提供数据、市场、资金、检验检测、设备等创新资源,有助于促进其他创业主体集中积聚。目前大企业创新创业平台主要包括央企"双创"平台、国家专业化众创空间、"双创"示范基地等。

以央企"双创"平台为代表的大企业创新平台在促进技术研发、推进产业高质量发展、带动全社会创新创业、激发企业内部创新创业活力等方面具有较强的示范作用。在促进技术研发方面,央企"双创"平台利用互联网、云计算、大数据等新技术,打造开放协同的平台,聚合了海量创新资源,有力推动了长期困扰企业发展的重大创新

问题的解决,使得创新效率不断提升。在推进产业高质量发展方面,央企"双创"平台广泛开展技术服务,大力推进制造业信息化、绿色化、智能化改造,加快生产模式、管理模式、营销模式变革和流程再造,有力地推动了传统产业转型升级。在带动全社会创新创业方面,央企"双创"平台注重发挥人才、资金、资源等优势,引领和带动各类创新主体协同发力,形成了良性互动格局,在提升企业自身竞争力的同时,也带动了一大批中小企业的发展。在激发企业内部创新创业活力方面,央企"双创"平台为广大职工参与"双创"提供了空间,同时还积极探索一系列鼓励内部创新创业的激励机制,有效调动了广大职工特别是 150 多万科技人员参与"双创"、投身"双创"的积极性。

目前中央企业已搭建各类"双创"平台 970 个,同比增加 561 个,包括"双创"示范基地、互联网平台、孵化器和产业园区以及各类创新创业活动等。其中,中央企业正在建设的 13 个国家级"双创"示范基地,所在行业覆盖了航天航空、船舶、电子、电网、通信、钢铁、科研等重点领域,充分发挥了中央企业在创新创业中的主力军、领头羊作用。

二、各类大企业创新创业平台带动作用明显

大企业"双创"平台主要包括互联网平台、专业孵化器、科技产业园区等类型。各类大企业"双创"平台不断深化创新创业服务,不断引领全社会创新力量积聚和转化,丰富完善大中小企业协调发展格局。

(一)高水平互联网"双创"平台有效集聚企业和社会创新力量

中央企业利用互联网、云计算、大数据等新技术,打造开放协同的"互联网+"创新创业平台,聚合海量创新资源,有力推动了长期困

扰企业发展的重大创新问题的解决,创新效率不断提升。截至2017年年底,央企共搭建互联网云平台121个。

专栏2-5　大企业互联网"双创"平台的典型案例——国家电网"光伏云网"

　　国家电网"光伏云网"平台针对分布式光伏发电存在的融资难、选型难、结算难、运维难等难题,一是提供产业链互动服务,构建"互联网+"分布式光伏互动服务生态圈,探索系统集成创新、技术成果转化、商业模式创新服务新模式。二是提供特色化金融服务,对接银行、信托、保险等金融机构,开展分布式光伏收益权质押、保理、电费理财、财产保险等服务。三是提供能源大数据服务,以光伏电站运行数据、气象数据、补贴电费数据为主要数据源,利用大数据分析实现线上线下无缝对接和高效集成,并通过标准接口实现光伏产业链企业信息共享。通过为产业链中小微企业提供多层级服务,解决企业融资难、资产安全等难题,吸引了大量企业入驻。目前,入驻"光伏云网"平台的光伏上下游企业超过200家,占国内光伏产业链企业总数的50%以上。

(二)专业孵化器带动中小企业发展

　　中央企业注重发挥人才、资金、资源等优势,通过建设专业化孵化器等方式,引领和带动各类创新主体协同发力,形成了良性互动。中央企业在提升企业自身竞争力的同时,也带动了一大批中小企业的发展。截至2017年年底,央企共搭建孵化器187个,入驻企业和团队5283个,创客人数3.88万人。

专栏2-6　大企业专业孵化器的典型案例——中国宝武 Wesocool 孵化器

　　Wesocool 孵化器是中国宝武旗下的"双创"服务中心。依托中国宝武的技术资源、产业资源和人才资源,Wesocool 聚焦新材料、智慧制造、能源环保等产业领域,构建了"平台层—孵化层—应用层"三位一体的产业孵化体系,形成了"物理空间+专业服务+投资基金+技术平台+产业应用"全要素孵化模式,为入孵企业提供从实验研究、中试到生产所需的研发设计、检验检测认证、科技咨询、技术标准、知识产权、成果转化等服务。Wesocool 孵化器运营一年多来,已吸引国际名校海归留学生、世界500强企业资深工程师、国内院校师生等近百家海内外高层次创新创业团队入驻,其中,一半以上企业和宝武有技术交流,四分之一企业与宝武建立合作关系。

(三)科技产业园区促进产业转型升级和新兴产业培育

　　中央企业将"双创"与本企业及行业发展需要相结合,建立各类科技产业公司、产业化基地等,为区内企业提供基于央企自身产业链条的技术服务、产业培育、管理服务等全生命周期综合服务，加快生产模式、管理模式、营销模式变革和流程再造，有力地推动了传统产业转型升级和新兴产业培育。目前央企建成科技产业园区 84 个，园区入驻企业 2.5 万家，促进就业 97 万人，其中 160 家已成功上市。

专栏 2-7　大企业科技产业园的典型案例——中船重工"双创"产业园区

中船重工建成了以"青岛船舶动力""连云港科技创意""南京文化创意"等多个主题鲜明的专业园区，吸引大量相关产业的中、小企业入驻园区。在青岛打造船舶动力设计、制造产业集聚区，建成了船舶电力推进试验室、研发中心、中压开关电器试验室、试验辅助楼等公共基础设施，为中小微企业入驻提供了生产、检验检测和办公条件，建设半年来聚集相关小微企业 20 家以上，其中 12 家为产业链企业。在连云港打造科技创意产业园，面向科技创新、文化创意类中小微企业提供服务，目前入园企业已达 117 家，解决就业 2000 多个，入园企业年经济规模达到 18 亿元。在南京打造科技文化创业园，为入驻企业提供融资累计 4.7 亿元，目前入驻企业 120 家。

第四节　中小企业创新创业平台

中小企业公共服务平台（以下简称"平台"）与小微企业创业创新基地（以下简称"基地"）是我国中小企业公共服务体系的主要组成部分，更是支撑我国中小企业"双创"的重要载体。2017 年，为适应中小企业"双创"发展需求，中小企业"双创"平台不断向专业化、网络化和多元化等方向发展。

一、中小企业公共服务平台向纵深方向发展

目前，已认定国家中小企业公共服务示范平台 473 家，为中小企业提供信息、技术、创业、培训、融资等公共服务，同时充分发挥示范带动作用，引导和推动各省市加强中小企业公共服务示范平台的培育和认定，各地认定的省级示范平台达 3200 多家，配备服务人员 19 万人。平台围绕满足中小企业创新创业服务需求，构建专业化"双

创"载体、开展专业化"双创"服务、改善中小企业"双创"环境、解决中小企业创新创业难题。

（一）专业化平台发展格局基本形成

中小企业公共服务平台通过空间拓展、内外联通、职业化运营等手段加强建设,推动形成专业化"双创"载体。一是搭建覆盖市县区和产业集群的实体平台,为"双创"深入基层、根植企业提供重要依托。部分平台主动向县区延伸触角,通过新建实体平台、接入子平台等方式,不断壮大线下平台规模,扩大平台服务企业范围。二是联通区域化、专业化的网络平台,为企业"双创"提供透明、高效的线上支撑环境。联通区域化平台方面,部分平台发挥区域领先优势,通过互联互通的方式,不断提升服务资源的集成和共享能力;联通专业化平台方面,一些代表性平台积极发挥服务集成功能,集聚与对接专业化服务平台,打造"平台的平台",帮助中小企业找到更加专业化的"双创"服务。三是引入专业化、职业化的运营管理团队,为企业"双创"提供全程化、专业化的运营支撑。湖南、海南等地的省中小企业服务中心采取与专业运营团队签署专业顾问服务协议的方式,聘请职业经理人,并由专业顾问团队对平台建设进行全程指导,有效引入"双创"服务的先进运营方式和管理经验。

（二）平台专业化"双创"服务不断拓展

一是提升专业化平台的技术服务能力,为"双创"提供低成本、便利化的技术服务。一些以技术服务为主的平台通过不断提升技术检验检测能力,提高技术服务范围与精度,强化技术服务水平,营造专业化服务形象。二是加强各类信息整合与推送能力,为企业提供体系化、低成本的"双创"信息服务。为了降低中小企业创新创业面临的信息匹配问题,许多平台针对中小企业创新创业中的共性需求,梳理与整合政策、产业等相关信息,为中小企业提供系统化、低成本的信息服务。三是创新与改善服务平台的投融资服务能力,为"双创"提供贴身化、品牌化的金融服务。一方面,通过搭建互联网金融服务平台,开展中小企业信贷对接服务,助力中小企业融资;另一方面,通过入驻小微企业融资专员,透明化融资办理流程,大幅节省中小微企业金融业务办理成本。四是打通服务平台的创业服务环节,为"双创"提供全流程、个性化的创业服务。部分平台根据创新创业需求链打造创业服务链,根据共性创业需要组建专业创业交流圈。

(三)平台服务带动作用显著

一是提供公益性服务产品,减轻中小企业创新创业成本压力。例如,北京平台网络推出"创业无忧"免费服务包,整合了创业所需的代注册、代记账、法律顾问、人才招聘等多项服务要素,让更多的创业者轻装上阵。二是推动企业诚信公益保障,培育诚实守信的中小企业创新创业氛围。例如,柳州市中小企业服务中心与第三方专业评级机构合作深入开展信用评级,进一步加强企业信用体系建设。三是引导撬动民间资本,帮助解决中小企业创新创业融资难题。陕西省中小企业服务中心作为政府出资人代表,以中小企业专项资金参股县域工业集中区小贷公司,撬动民间资本。四是广泛聚集创新创业资源,构筑中小企业创新创业生态。例如,湖南省中小企业公共服务平台已聚集各类型"双创"服务机构6000多家,提供细分到109个小类的服务项目12000多个,汇集湖南电商公共平台等21个专业平台。

专栏2-8　国家中小企业公共服务示范平台典型案例

——成都市中小企业服务中心

成都市中小企业服务中心围绕"坚持以产业新城为核心构建产业生态圈,营造良好产业发展环境"要求,以打造"企业之家"为工作目标,集聚300多家专业机构资源,以高效解决企业需求为首要任务,加强企业服务平台建设,通过成都市企业服务热线"962578"(平台)和59家成都企业服务联络站,初步构建了覆盖全市大、中、小(微)企业的公益服务网络,能够及时、高效地响应和解决企业融资、科技、人才、市场和政策等方面的各类服务需求。

二、小型微型企业创业创新基地加速升级

目前,已认定三批共 297 家国家小型微型企业创业创新示范基地,为中小企业创新创业提供载体以及创新支持、创业辅导、人员培训、投融资、管理咨询、信息服务、市场营销、专业服务等八大类服务,各省市支持培育小微企业创业创新基地 4060 家,认定省级示范基地2690 家,共入驻企业 23 万多家,从业人员 550 万人。小微企业创业创新基地秉承"以创业促进创新,以创新推动创业"的理念,充分利用配套政策与措施,内设"双创"平台,提供多元化"双创"服务,为入驻中小企业提供了更加优质的创新创业环境。

(一)基本入驻服务内容不断丰富

小型微型企业创业创新示范基地通过加强配套建设、租金扶持、管理制度等多种方式,不断提高入驻服务质量。一是调整优化基地配套,改善入驻品质。为了创造拎包入驻的创新创业条件,基地纷纷尝试通过加强配套管理、完善基地配套等方式提升入驻企业质量和入驻人员生活品质。二是灵活利用租金扶持,提高入驻规模。部分基地通过减免、补贴、无偿提供等多种租金优惠方式,定向吸引中小微企业和配套服务机构入驻,直接降低初创期中小企业成本,进而提高中小微企业入驻热情。三是建设完善管理制度,提升入驻水平。很多基地都认识到建立和完善管理制度与规范对于促进入驻企业管理和创新创业的重要性,主动建立规范化的管理制度与流程,强化入口管理、明晰各方责任、保证运营质量、规范服务流程、提高服务水平。

(二)专业"双创"服务向多元化方向发展

小型微型企业创业创新示范基地通过提供专业化融资服务、政策咨询服务、人才培养服务等多元化服务,为小微企业创造良好的"双创"环境。一是开展创新型融资服务,帮助企业解决融资难题。基地利用自有资金,通过设立创业基金或与金融机构合作等方式,帮

助入驻企业缓解融资困难问题。例如,广东科炬高新技术创业园有限公司设立专项资金,对园区企业在现有政策体系基础上进行叠加扶持、补助。二是组织"保姆式""订单式"服务,助力企业创新创业。一些基地发挥专业化服务团队的优势,以点对点的方式,为企业提供精准化贴身服务,积极帮助企业争取各类政策支持。三是助力基地人才培养,辅助企业吸引培养优秀人才。一方面,积极匹配地方人才引进政策,为基地内企业吸引人才提供良好基础;另一方面,加强创业辅导和人才培训,帮助企业培养创新创业人才。四是带动基地企业合作对接,促进企业创新成果推广。部分基地通过组织成果对接、开展对外合作等方式,扩大基地品牌影响力的同时,极大地拓展了中小微企业的合作交流空间,帮助企业开拓市场。

专栏 2-9　小型微型企业创业创新服务的典型案例——36 氪"双创"服务

　　36 氪围绕中小微及科技创新企业"曝光难、办公难、融资难"等问题,着力提供包括媒体曝光、办公场地及相关的配套服务、融资对接等全方位一站式服务,打造科技创新创业综合生态服务体系。在媒体曝光服务方面,目前已为 30000 多家初创公司提供服务,其中有 90% 的初创项目是首次曝光,在国内早期被投项目中,有 85% 被 36 氪报道覆盖,通过报道,有 58% 获得机构投资,40% 获得顶级机构投资。在办公场地服务方面,提供高品质的联合办公空间,包括能容纳不同人数的独立办公间、移动办公桌、开放工作区等,目前管理面积已接近 20 万平方米,提供超过 30000 个工位,有 2000 多家中小微企业在 36 氪空间办公。在融资对接方面,通过数据挖掘、智能机器学习、人工智能以及专业化的数据运营,为创业项目提供融资曝光的机会,为投资人提供动态行研分析与优质创业项目的发现和追踪,目前已服务 50 多万个入驻项目,7000 多家入驻投资机构以及 12500 多位活跃投资人。

第五节　创业辅导和培训

　　2017 年,创业服务人员培训数量激增,培训内容不断向高质量发展,在更高水平、更高层次、更深程度上推动创业服务人员能力提高。同时,创业教育和培训规模不断壮大,形式内容更加多样化,有力地推动大众创新创业水平发展。

一、创业服务人员培训力度显著加强

截至 2017 年年底，全国 32 个省、市、自治区共有 35 家创业孵化从业人员培训机构。通过持续全面推进创业孵化从业人员培训工作，创业服务人员能力取得了显著的提高。

（一）国家到地方的培训组织管理体系日趋完善

我国孵化器从业人员培训的组织工作已逐渐标准化、流程化。首先，中国技术创业协会作为行业组织，在科技部火炬中心的孵化器管理处的指导下，在行业专业服务机构的配合下，组织整体的培训工作，形成了"指导、组织、配合"的完整工作体系。其次，培训机构几乎覆盖全国各个省、市、自治区，建立了日常的工作体系，做到了"专人负责、定期举办、全国招生"的长训机制，有力地促进了孵化器行业的经验交流和信息共享。第三，从招生、课程设置、师资配备、教材、考务和各环节的衔接都已经建立了规范的工作流程，形成地方培训机构、中国技术创业协会、孵化器研究中心各司其职、共同协作的局面，培训效率和效果明显，学员有效提高了孵化服务的知识、技能水平。

（二）培训不断向高质量发展

创业孵化从业人员培训采用"国家引导、协会组织、专业机构参与"的模式，在全国范围内广泛展开，其需求之旺盛、规模之大、覆盖区域之广、涉及人才培养之全面，在世界各国发展孵化器的历史上具有鲜明的中国特色。一是创业孵化从业人员受训的需求增长迅猛。初级培训参训学员总数从 2012 年的 1469 人，激增到 2017 年的 5300 人，年均增长率达到 29.3%，始终保持着大幅快速增长态势。二是创业孵化从业人员培训在全国范围内形成全覆盖。整体来看，创业孵化从业人员初级培训的学员遍及全国所有省、自治区、直辖市和计划单列市（包括港澳台）。截至 2017 年年底，累计培训学员数量排列在前五位的地方，分别是广东省（2120 人）、深圳市（1954 人）、江苏省(1814 人)、四川省(1103)和浙江省(981 人)。三是各类各级创业孵化机构参训活跃。按照 2017 年参训学员所在孵化器(众创空间)级别构成来看,国家级、省级孵化器学员所占的比例进一步下降,地市级、区县级(含未定级)、其他来源的学员占比逐步增大。具体来说,学员来自国家级孵化器(国家备案众创空间)的人数最多(1141人),占比为 24%,其次是省级、地市级、区县级孵化器(众创空间)的学员,占比分别为 20%、18%、18%。四是学员来自民营孵化器的参训人数规模和增长显著,达到 2568 人,比 2016 年增长 24%,比来自事业单位、国有企业孵化器的学员总和还多。

(三)培训形式不断创新和完善

2017 年,各地培训机构在教学方式上,延续了以前培训积累的优秀经验,越来越多的培训中设置了分组研讨、创业沙龙、参观优秀孵化器、互动交流等活动环节,同时不断探索更有效的教学形式。如广州、重庆、厦门培训开展了分组讨论和 PPT 演示,成都培训班引进了孵化器、众创空间路演,河南培训班设置了创业孵化沙龙。更多的培训班将参观优秀孵化器作为必备的环节,同时孵化器研究中心结合实际情况在有条件地方为学员开设了晚间的课余沙龙等。这些教学形式不仅活跃了课堂气氛和学员之间的交流,而且对提高培训的实际效果和知识吸收具有更好的促进作用。

(四)课程内容逐渐多样化

在科技主管部门的指导下,各地培训机构依据教材大纲,结合本地孵化器、众创空间发展情况和学员需求对课程内容进行个性化设置,同时根据学员反馈情况及时调整后续培训的内容。目前,各地方培训机构逐渐形成一些具有多样化的地方特色课程,如北京、上海、广州、浙江等地课程内容丰富且贴近实战,江苏、山东、深圳等地在模块化基础上融入新内容,重庆、成都、河南等地课程力求创新,紧随"双创"工作新动态。

二、创业教育与培训深入开展

国家高度重视创业教育和培训的开展。通过采取各项措施加强创业教育和培训,提高创业者素质和能力,提升大众创新创业水平。

(一)高校创新创业教育改革不断深化

健全课程体系,推动高校面向全体学生开设了一批创新创业教育专门课程,依托国家级线上线下精品课程建设,推出了一批创新创业教育精品课。推动教学管理制度改革,修订实施《普通高等学校学生管理规定》,允许学生调整学业进程,休学创新创业。推动高校设置创新创业学分,建立了创新创业学分积累与转换制度。强化教师队伍,推动高校聘请各行各业优秀人才担任创新创业指导教师,并在此基础上建立了全国万名优秀创新创业导师人才库,首批遴选4600多名导师入库。突出示范引领,北京大学、清华大学等19所高校入选国务院"双创"示范基地,教育部专门成立工作指导小组,着力推进基地建设。认定了200所深化创新创业教育改革示范高校,并给予经费支持。依托职业院校教师素质提高计划,对5万名职业学校、应用型本科高校教师开展了"双创"教育培训。

(二)不同受众群体的创业培训不断完善

各地人社部门面向有创业意愿和创业培训需求的劳动者大规模开展创业培训。2017年,全国共组织开展政府补贴性创业培训219.2万人次。在农民工返乡创业培训方面,各地贯彻落实《关于实施农民工等人员返乡创业培训五年行动计划(2016—2020年)的通知》(人社厅发〔2016〕90号),2017年全国共组织开展政府补贴性返乡农民工创业培训75.8万人次。在大学生创新创业培训服务方面,强化政策支持,修订《普通高等学校学生管理规定》,实施弹性学制,放宽修业年限,允许学生保留学籍休学创新创业,积极推进高校"共青团第二课题成绩单"制度,推广KAB创业教育,覆盖1650所高校,组织 250 万大学生参加。在留学人员创业培训服务方面,开展创业导师进留创园活动,开展留学回国服务培训,举办了全国留学人员回国创业高级研修班和全国留学人员回国服务能力培养班。在妇女创业培训方面,各级妇联大力推进妇女创业创新教育和技能培训,累计开展妇女创业培训 552 万人次。

(三)培训师资力量不断发展壮大

相关部门结合创业领域的新变化,着力加强创业培训师资队伍建设。2017 年,各地创业培训机构全年完成创业师资培训班 230 余期,共派遣创业培训师 6460 余人次,培训合格创业培训讲师 7000 余人,全国创业培训讲师累计 6 万余人。2017 年,人社部组织创业引领者主题活动暨全国创业培训讲师大赛,来自全国各地的数千名讲师参赛。为顺应互联网经济发展,组织专家自主开发了网络创业培训课程。2017 年,在试点培训基础上,出版网络创业培训学员教材,下发《关于印发网络创业培训组织实施技术规程(试行)的通知》。组织西藏、新疆及四省藏区(青海、四川、云南、甘肃)开展创业师资示范培训班 20 余期,举办创业培训师选拔培训班,壮大创业培训师资队伍。

(四)创业培训形式更加多样

积极开展互联网创业培训,依托电子商务进农村综合示范县建设、农村电子商务百万英才计划以及农村青年电商培育工程等,积极开展电子商务培训,培养一批具有理论基础、会经营网店、能带头致富的复合型人才。建立创业培训与创业孵化对接机制,指导创业培训机构在加强自身开展培训、实训的基础上,建立与农民创业园、乡村旅游集聚地等各类创业孵化机构的对接机制,实施培训、孵化、服务"一条龙"帮扶。对创业培训对象进行后续跟踪扶持,依托基层就业和社会保障、中小企业、农村社区等公共服务平台,进一步强化培训后的后续扶持和跟踪服务,积极帮助返乡创业人员改善管理、改进技术、开拓市场。

第三章 创业融资

2017 年,随着供给侧结构性改革的不断深入,我国创业融资迎来新发展、新机遇。创业融资渠道更加多元化,融资模式更加规范化,融资规模持续快速增长,为落实国家创新驱动发展战略提供了有力支撑,推动了互联网、大数据、人工智能和实体经济深度融合,促进了中高端消费、共享经济等领域新增长点、新动能的形成。具体表现在,政府引导基金市场化运作程度不断提升,政府性融资担保体系逐渐完善,早期投资、创业投资规模持续快速增长,多层次资本市场健康发展,非股权融资方式不断创新等。

第一节 政府引导基金和政府性
融资担保体系

2017 年,政府引导基金①市场化运作程度较往年有明显提升,监管力度不断加强,政府引导基金步入规范化运作阶段。同时,政府性融资担保体系不断完善,进一步拓宽了"双创"企业融资渠道。

---

① 政府引导基金主要包括股权投资、基础设施投资等类型,其中,直接与"双创"相关的是股权投资类政府引导基金。为此,下文所出现的政府引导基金便是指这一范畴。

一、政府引导基金设立放缓,基金运作进入规范化阶段

政府引导基金开启规范化运作阶段。2016 年 12 月 30 日,国家发展改革委印发关于《政府出资产业投资基金管理暂行办法》的通知(发改财金规〔2016〕2800 号),对政府出资产业投资基金的募资、投资、管理、退出等环节作出规定,以信息登记、绩效评价和信用评价等方式对政府出资产业投资基金进行监督管理。2017 年 4 月 10 日,国家发展改革委出台的《政府出资产业投资基金信用信息登记指引》(发改办财金规〔2017〕571 号)将这一规定落地,为政府引导基金的信息披露完善和透明化管理打下了重要基础。在这些规范性政策引导下,各级政府加强对政府引导基金的规范化管理,提高财政资金的使用效率,多地政府互相合作,形成合力,促进多个区域协同发展的合作模式不断涌现。例如,多个地方政府开始对区域内设立的各类政府引导基金实行统一管理,对本地区投资地域、行业等方面的限制逐渐放宽,更多倡导区域协同发展。

政府引导基金放缓设立步伐。在经历了 2015 年至 2016 年的高速增长期后,2017 年政府引导基金设立步伐放缓。截至 2017 年年末,全国共设立 1501 支政府引导基金,已披露的总目标规模达 95798.77 亿元,已到位资金规模为 34836.47 亿元。其中,2017 年新设 255 支政府引导基金,同比下降 50.1%;总目标规模为 30087.56 亿元,同比下降 29.0%;已到位资金规模为 5096.47 亿元,同比下降 73.0%(见图 3-1)。截至 2017 年年底,政府引导基金设立数量居前五的地区为江苏省、广东省、浙江省、山东省、安徽省,分别达到 143 支、140 支、129 支、125 支、108 支,而中西部地区政府引导基金设立数量相对较少。

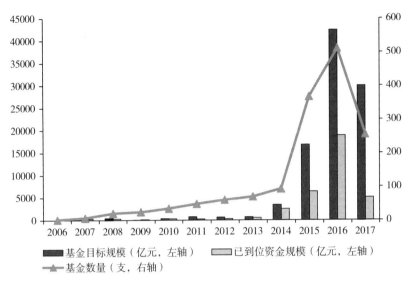

图 3-1　2006—2017 年我国政府引导基金设立和募资情况

专栏 3-1　政府创新创业引导基金运作顺利

　　国家发展改革委会同财政部设立的国家新兴产业创业投资引导基金投入运营,总规模 760 亿元。截至 2017 年年底,引导基金已支持设立 313 支创业投资子基金,累计支持 2700 多家创业企业,共覆盖全国 28 个省(区、市),整体运行效果远超预期。
　　财政部会同工业和信息化部推动国家中小企业发展基金加快投入运营,目前总规模 195 亿元的基金实体已设立运营。

二、“政银企”合作加强,融资担保业进入健康发展新阶段

　　2017 年 8 月,国务院发布《融资担保公司监督管理条例》,规定国家推动建立政府性融资担保体系、发展政府支持的融资担保公司,建立政府、银行业金融机构、融资担保公司合作机制,扩大包括科技型小微企业在内的小微企业和“三农”客户的融资担保业务规模;同时,各级人民政府财政部门通过资本金投入、风险分担机制建立等方式,对主要为小微企业和“三农”服务的融资担保公司提供财政支持。未来,随着融资担保业务经营许可证管理办法、融资担保责任余额计量办法、融资担保公司资产比例管理办法以及银行业金融机构与融资担保公司业务合作指引等配套制度逐步出台,融资担保行业

将迎来规范健康发展的新时期,更好服务于"双创"企业。

第二节　早期投资

随着创新创业生态环境的不断改善,2017 年全国早期投资①活跃度保持在较高水平,资金募集规模和投资规模均呈上升趋势。

一、政府扶持力度加大,早期投资基金募资规模上升

2017 年,各级政府积极发挥财政性资金的带动作用,不断加大对早期投资的扶持力度。各地政府陆续设立政府引导基金,着力营造充满生机活力的创新创业生态环境。此外,政府为鼓励更多社会资本参与到早期投资中,对投资于初创期企业的基金进行补贴。例如,浙江省每年从省财政资金中安排 3 亿元对市县政府投资的种子基金进行配套支持和绩效奖励。2017 年,全国早期投资机构新募集146 支基金,同比上涨 15.0%;披露募集金额为 199.36 亿元,同比上涨 17.5%;基金募集数量与募集规模均呈现上涨趋势(见图 3-2)。其中,人民币基金为 141 支,披露总募集金额为 192.45 亿元;外币基金共计 5 支,披露募集金额为 6.91 亿元。

二、投资规模持续上升,资金向人工智能等行业优质项目聚集

早期资金向优质项目聚集。2017 年,早期投资总金额持续上升,但投资案例数同比小幅下降。2017 年全国共发生 2012 起早期

---

① 早期投资,是指投资机构或天使投资个人专注于种子期和起步期企业的股权投资。

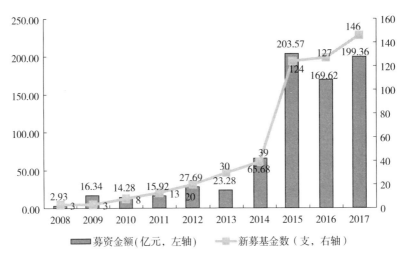

图 3-2 2008—2017 年我国早期投资机构基金募集情况比较

投资案例,同比下降 1.9%,披露投资金额约为 147.43 亿元,同比上涨 20.4%;披露投资金额案例数为 1768 起,平均单笔投资金额为 833.87 万元,同比上涨 34.2%(见图 3-3)。早期投资市场资金较为充足,但优质项目数量较为稀缺,80% 以上的资金向优质项目聚集,仅有小部分资金投向其他项目。

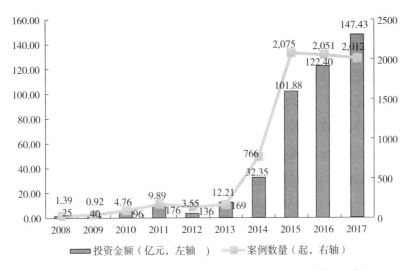

图 3-3 2008—2017 年我国早期投资市场投资总量情况比较

早期资金青睐人工智能与娱乐传媒等行业。2017 年,互联网行业获投案例数为 469 起,同比下降 13.9%,披露投资金额为 34.78 亿元;信息技术行业共发生 390 起投资案例,同比上升 17.5%,披露投资金额为 21.90 亿元;娱乐传媒行业共发生 236 起投资案例,同比上升 4%,披露投资金额为 15.03 亿元(见表 3-1)。2017 年,早期投资行业分布结构较以往有所改变,互联网与信息技术行业之间的投资差距逐步缩小,早期投资机构更加关注信息技术行业中人工智能这一细分领域。在经济转型和消费升级的大形势之下,娱乐传媒行业也收获颇丰,80 后、90 后年轻群体逐步占据消费市场的主导地位,新的消费习惯与观念为娱乐传媒行业提供发展空间。

表 3-1　2017 年我国早期投资行业分布情况

行业(一级)	案例数量(起)	比　例	披露金额的案例数量(起)	投资金额(亿元)	比　例
互联网	469	23.31%	407	34.78	23.59%
信息技术	390	19.38%	339	21.90	14.85%
娱乐传媒	236	11.73%	219	15.03	10.20%
电信及增值业务	222	11.03%	185	11.03	7.48%
生物技术/医疗健康	139	6.91%	115	10.10	6.85%
金　融	124	6.16%	114	15.86	10.76%
教育与培训	83	4.13%	77	6.05	4.10%
电子及光电设备	62	3.08%	55	3.31	2.24%
其　他	60	2.98%	51	7.30	4.95%
连锁及零售	56	2.78%	51	6.63	4.49%
汽　车	30	1.49%	25	2.91	1.97%
机械制造	25	1.24%	25	1.73	1.17%
物　流	25	1.24%	24	2.05	1.39%
清洁技术	23	1.14%	19	4.26	2.89%
食品/饮料	16	0.80%	14	1.02	0.69%
房地产	10	0.50%	9	0.85	0.57%
建筑/工程	7	0.35%	7	0.48	0.33%
纺织及服装	6	0.30%	6	0.60	0.41%

行业（一级）	案例数量（起）	比　例	披露金额的案例数量（起）	投资金额（亿元）	比　例
农/林/牧/渔	5	0.25%	5	0.13	0.09%
化工原料及加工	4	0.20%	4	0.50	0.34%
半导体	2	0.10%	2	0.07	0.05%
未披露	18	0.89%	15	0.85	0.57%
合　计	2012	100.00%	1768	147.43	100.00%

三、北京保持创新引领地位，中西部地区创新活力提升

2017 年，全国早期投资市场最活跃地区仍为北京，共发生 714 起投资案例，披露金额约 58.72 亿元（见表 3-2）。北京凭借优质项目资源、高素质人才及充足的资金等因素继续保持全国创新引领地位。湖南、湖北、安徽和陕西等中西部地区的早期投资市场也在逐步释放创新活力，政府资金在其中起到重要作用。例如，安徽设立 20 亿元种子投资基金支持种子期、初创期企业；陕西省财政每年出资 3 亿元，设立陕西融资担保发展资金等。

表 3-2　2017 年我国早期投资地域分布情况

地　　　域	案例数量（起）	比　例	披露金额的案例数量（起）	投资金额（亿元）	比　例
北　京	714	35.49%	652	58.72	39.83%
上　海	344	17.10%	309	22.83	15.48%
深　圳	209	10.39%	202	14.17	9.61%
浙　江	168	8.35%	159	13.76	9.33%
湖　北	121	6.01%	23	1.00	0.68%
广东(除深圳)	100	4.97%	95	6.97	4.73%
江　苏	89	4.42%	82	7.21	4.89%
四　川	38	1.89%	35	1.96	1.33%
福　建	38	1.89%	33	2.70	1.83%
陕　西	26	1.29%	22	0.82	0.55%

地　　域	案例数量 （起）	比　例	披露金额的案例 数量（起）	投资金额 （亿元）	比　　例
湖　南	26	1.29%	25	1.12	0.76%
安　徽	19	0.94%	18	2.43	1.64%
天　津	18	0.89%	16	3.86	2.62%
山　东	11	0.55%	11	0.63	0.42%
河　南	10	0.50%	10	1.25	0.85%
重　庆	8	0.40%	8	0.43	0.29%
海　南	7	0.35%	7	0.33	0.22%
新　疆	7	0.35%	7	1.04	0.71%
辽　宁	7	0.35%	7	0.29	0.20%
吉　林	6	0.30%	6	0.31	0.21%
江　西	4	0.20%	2	0.14	0.09%
内蒙古	3	0.15%	2	0.05	0.03%
贵　州	3	0.15%	3	0.12	0.08%
河　北	3	0.15%	3	0.22	0.15%
广　西	3	0.15%	3	0.08	0.05%
云　南	1	0.05%	1	0.25	0.17%
山　西	1	0.05%	1	0.01	0.01%
其　他	11	0.55%	11	1.03	0.70%
未披露	17	0.84%	15	3.72	2.52%
合　计	2012	100.00%	1768	147.43	100.00%

第三节　创业投资

2017 年，受监管政策调整等因素影响，我国创投机构募资总额同比有所下降，但创投机构数量、管理资本量、投资额等均持续上升。在政策引导下，创投资本不断向信息技术、生物医疗等产业聚集，中西部地区创投活跃度进一步提升。

一、创投机构数量持续增加，管理资本量持续上升

目前，我国创投市场仍处于高速发展阶段，2017 年创投机构数

量和管理资本量都持续增长。截至 2017 年年底,在中国证券基金业协会登记的私募股权、创投基金管理机构共计 1.32 万家。据统计,截至 2017 年年底,我国股权投资市场累计管理资本总量约 8.7 万亿元,其中,创投机构管理资本量超过 2 万亿元。

专栏 3-2　创业投资基金监管制度不断规范

证监会加快制定《私募投资基金管理暂行条例》,拟明确创业投资基金概念,并对其实行差异化监督和差异化行业自律,完善创业投资基金市场化退出机制,对符合条件的创业投资基金投资初创科技型企业,可按税收政策规定享受相应税收优惠,并明确备案创业投资基金享受税收试点政策的条件和流程。

二、创投募资规模微降,新募基金数大幅上升

2017 年,国内创业投资机构募资总额有所下降,但募资案例数大幅上升,募资活跃度依然较高。2017 年创业投资机构共新募集 895 支基金,同比上升 40.7%,其中披露募资规模的为 852 支,募资总额为 3476.69 亿元,同比下降 2.9%(见图 3-4)。

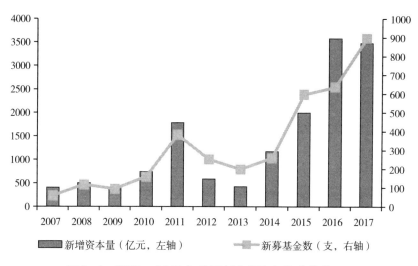

图 3-4　2007—2017 年我国创业投资机构募集情况

三、投资规模持续上升,投资领域向信息技术、生物医疗产业聚焦

2017 年我国创业投资市场共发生 4822 起投资案例,同比增长 30.9%。其中,披露投资金额的 4437 起投资交易共涉及 2025.88 亿元,同比增长 54.3%;平均投资额为 4572.06 万元,同比增长 19.1%(见图 3-5)。

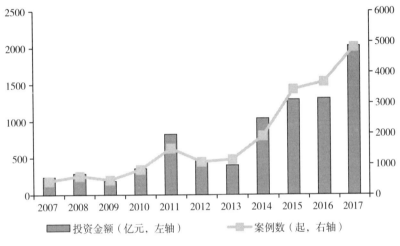

图 3-5　2007—2017 年我国创业投资机构投资情况

信息技术、生物医疗行业投资热度持续上升。从投资案例数分析,互联网行业以 956 起交易继续位列第一,但所占比重同比下降 3.1 个百分点;信息技术行业排名第二,共发生 927 起交易,占比 19.2%,同比上升 3.9 个百分点;第三为生物技术/医疗健康行业,共发生交易 626 起,占比 13%,同比上升 1.1 个百分点(见表 3-3)。随着人工智能的兴起,信息技术和互联网行业的差距逐渐减小。从投资金额分析,互联网行业以 406.19 亿元人民币稳居首位,占比 20%,同比下降 4.5 个百分点;紧随其后的是生物技术/医疗健康行业,共涉及投资金额 336.18 亿元,占比 16.6%,同比提升 2.7 个百分点;其

次是信息技术行业,共涉及 274.72 亿元的投资金额,占比 13.6%,同比提升 0.7 个百分点。

表 3-3　2017 年我国创业投资行业分布情况

行业(一级)	案例数量(起)	比　例	披露金额的案例数量(起)	投资金额(亿元)	比　例	平均投资额(亿元)
互联网	956	19.8%	886	406.19	20.0%	0.46
信息技术	927	19.2%	842	274.72	13.6%	0.33
生物技术/医疗健康	626	13.0%	583	336.18	16.6%	0.58
娱乐传媒	376	7.8%	343	91.45	4.5%	0.27
金　融	244	5.1%	222	131.42	6.5%	0.59
机械制造	234	4.9%	218	69.36	3.4%	0.32
电信及增值业务	215	4.5%	196	147.84	7.3%	0.75
电子及光电设备	202	4.2%	188	58.81	2.9%	0.31
教育与培训	146	3.0%	131	33.97	1.7%	0.26
清洁技术	143	3.0%	133	55.09	2.7%	0.41
连锁及零售	117	2.4%	105	66.35	3.3%	0.63
汽　车	108	2.2%	98	90.76	4.5%	0.93
化工原料及加工	71	1.5%	69	24.77	1.2%	0.36
物流	53	1.1%	49	28.37	1.4%	0.58
建筑/工程	52	1.1%	49	30.77	1.5%	0.63
食品/饮料	36	0.7%	33	8.05	0.4%	0.24
半导体	35	0.7%	33	14.74	0.7%	0.45
房地产	33	0.7%	30	23.13	1.1%	0.77
农/林/牧/渔	25	0.5%	23	8.13	0.4%	0.35
能源及矿产	23	0.5%	23	55.17	0.03	2.40
纺织及服装	16	0.3%	14	3.98	0.2%	0.28
广播电视及数字电视	1	0.0%	1	0.30	0.0%	0.30
其　他	134	2.8%	123	43.47	2.1%	0.35
未披露	49	1.0%	45	22.88	1.1%	0.51
合　计	4822	100%	4437	2025.88	100%	0.46

四、投资结构略有调整,投资策略更趋谨慎

2017年,我国创业投资机构投资阶段仍以早期为主,投资于种子期和初创期的案例数分别占比10.5%和40.2%,合计达50.7%,投资早期项目比重同比下降3.1个百分点(见表3-4)。从投资金额分析,2017年我国创业投资机构投资早期项目的规模占创业投资总规模的35.4%,同比下降1.4个百分点。创投机构投资策略更趋谨慎,投资早期项目的积极性略有下降。

表3-4 2017年我国创业投资阶段分布情况

投资阶段	案例数量(起)	比 例	披露金额的案例数量(起)	投资金额(亿元)	比 例	平均投资额(亿元)
种子期	507	10.5%	444	104.89	5.2%	0.24
初创期	1939	40.2%	1780	611.51	30.2%	0.34
扩张期	1515	31.4%	1416	745.59	36.8%	0.53
成熟期	741	15.4%	696	529.25	26.1%	0.76
未披露	120	2.5%	101	34.64	1.7%	0.34
合　计	4822	100.0%	4437	2025.88	100.0%	0.46

五、北上深中心地位继续显现,中西部投资占比上升

2017年我国创业投资机构主要投资地域依然集中在北京、上海、深圳等一线城市。其中,北京的中心地位继续显现,2017年共获得1393起投资,涉及金额718.19亿元人民币,不论是案例数还是金额都远超排名第二的上海;上海的投资案例数为785起,投资金额为310.44亿元;再其次为深圳,获得投资554起,投资金额为162.71亿元(见表3-5)。创业投资的地域集中度有所降低,北、上、深三地投资案例总和占全国创业投资案例的56.7%,占比同比下降9.2个百分点;投资总金额占全国投资总金额的58.8%,同比下降10.6个百

分点。同时,中西部省份创业投资活跃度明显增加,如四川省投资案例数同比上升69.2%,投资金额是2016年的3.1倍。

表 3-5 2017 年我国创业投资地域分布情况

地 域	案例数量(起)	比 例	披露金额的案例数量(起)	投资金额(亿元)	比 例	平均投资额(亿元)
北 京	1393	28.9%	1282	718.19	35.5%	0.56
上 海	785	16.3%	726	310.44	15.3%	0.43
深 圳	554	11.5%	506	162.71	8.0%	0.32
浙 江	454	9.4%	429	139.04	6.9%	0.32
江 苏	360	7.5%	341	133.64	6.6%	0.39
广东(除深圳)	301	6.2%	274	156.76	7.7%	0.57
四 川	132	2.7%	111	42.73	2.1%	0.38
山 东	103	2.1%	94	44.97	2.2%	0.48
湖 北	99	2.1%	90	31.94	1.6%	0.35
福 建	88	1.8%	83	25.86	1.3%	0.31
天 津	65	1.3%	56	28.01	1.4%	0.50
陕 西	52	1.1%	49	10.74	0.5%	0.22
安 徽	51	1.1%	47	37.64	1.9%	0.80
湖 南	44	0.9%	39	15.98	0.8%	0.41
河 北	37	0.8%	36	6.90	0.3%	0.19
河 南	34	0.7%	33	38.36	1.9%	1.16
辽 宁	28	0.6%	24	5.32	0.3%	0.22
重 庆	28	0.6%	27	8.31	0.4%	0.31
黑龙江	23	0.5%	17	3.79	0.2%	0.22
江 西	17	0.4%	13	10.32	0.5%	0.79
吉 林	15	0.3%	14	6.10	0.3%	0.44
海 南	14	0.3%	12	5.82	0.3%	0.49
贵 州	9	0.2%	8	2.37	0.1%	0.30
云 南	8	0.2%	8	3.02	0.1%	0.38
广 西	7	0.1%	6	5.40	0.3%	0.90

地　域	案例数量（起）	比　例	披露金额的案例数量（起）	投资金额（亿元）	比　例	平均投资额（亿元）
新　疆	7	0.1%	7	1.89	0.1%	0.27
山　西	6	0.1%	5	5.86	0.3%	1.17
宁　夏	5	0.1%	5	9.43	0.5%	1.89
甘　肃	4	0.1%	4	1.32	0.1%	0.33
青　海	3	0.1%	3	2.69	0.1%	0.90
西　藏	2	0.0%	1	0.47	0.0%	0.47
内蒙古	1	0.0%	1	0.60	0.0%	0.60
其　他	39	0.8%	35	21.36	1.1%	0.61
未披露	54	1.1%	51	27.88	1.4%	0.55
合　计	4822	100.0%	4437	2025.88	100.0%	0.46

第四节　资本市场

2017年,国内多层次资本市场体系建设取得新进展,多家区域性股权交易中心成立,中国青年创新创业板等新型融资平台启动运行,不仅为"双创"企业拓宽了融资渠道,也为创投资本提供了更多元化的退出方式。

一、直接融资比重上升,多层次资本市场健康发展

2017年,我国多层次资本市场体系不断完善,直接融资比重不断上升。目前,国内资本市场由主板、中小板、创业板、新三板和区域性股权交易中心构成,这几大资本市场齐头并进,进一步拓宽了企业直接融资的渠道。2017年,国内企业在上海主板、深圳中小板和深圳创业板共完成首发(IPO)438家,同比增长93.0%,融资金额达到

2348.49 亿元,同比上涨 55.4%;截至 2017 年年底,新三板累计挂牌企业数达到 11630 家,总市值为 49404.56 亿元;共青团中央设立的中国青年创新创业板也已启动运行,截至 2017 年年底,累计挂牌企业 3131 家,融资金额达 17.6 亿元。2017 年,我国中小企业融资总额达 7848.2 亿元,同比增长近 100%。

二、IPO 数量破历史记录,新三板相对遇冷

受国内 IPO 政策的利好影响,我国企业 IPO 数量大幅增长。2017 年共有 504 家中国企业实现境内外上市,同比大幅提升 73.2%,IPO 数量破历史记录,总融资金额达到 3232.74 亿元,同比上升 3.4%。随着 IPO 活跃度的攀升,股权投资支持的 IPO 企业数量也呈现较快增长。2017 年,由私募股权支持的中国企业实现境内外上市的共计 285 家,同比上升 63.8%,占全部上市中国企业的 56.5%。

与 IPO 数量破历史记录形成对比的是,2017 年新三板市场相对遇冷。2017 年,我国新三板新增挂牌企业 2176 家,同比下降 56.8%。截至 2017 年年底,新三板累计挂牌企业达 11630 家,总市值已达 49404.56 亿元。

三、并购监管政策趋严,并购市场进入调整期

政策监管趋严,私募股权相关并购交易理性回落。2017 年,证监会打出政策"组合拳","再融资新规"和"减持新规"等政策规定的出台继续为国内并购市场降温。同时,国家对于国企国资改革、化解过剩产能、"僵尸企业"的市场出清、创新催化等方面进行更加明确的引导,鼓励良性的产业并购。2017 年,我国共发生与私募股权相关的并购交易 2813 起,同比下降 9.4%;披露金额的并购案件总交易规模 18919.23 亿元,同比上升 2.6%;平均并购金额为 7.79 亿

元,低于 2016 年的 8.85 亿元。种种迹象表明,我国的并购市场已进入调整期(见图 3-6)。

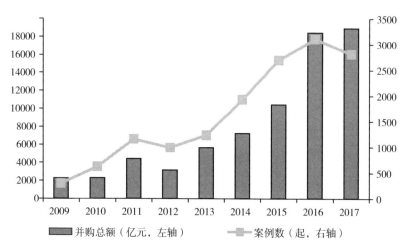

图 3-6　2009—2017 年我国私募股权相关的并购市场统计

信息技术、机械制造业并购交易活跃度大幅上升,互联网行业并购案例同比下降。2017 年我国私募股权相关并购交易中,信息技术行业以 302 起交易案例跃居榜首,同比上升 42.5%,打破互联网行业多年"一枝独秀"的局面,占总交易量的 10.7%,涉及并购金额 517.21 亿元;机械制造行业以 272 起交易案例位居第二,同比上升 95.7%,占总交易量的 9.7%,涉及并购金额 1026.35 亿元;互联网行业以 226 起交易案例位居第三,并购案例数同比下降 29.4%,涉及并购金额 1466.40 亿元(见表 3-6)。

表 3-6　2017 年我国私募股权相关并购行业分布(按被并购方计)

行　业	案例数量 (起)	比　例	披露金额的案 例数量(起)	并购金额 (亿元)	比　例	平均并购金 额(亿元)
信息技术	302	10.70%	261	517.21	2.73%	1.98
机械制造	272	9.70%	228	1026.35	5.42%	4.5
互联网	226	8.00%	213	1466.40	7.75%	6.88
金　融	223	7.90%	192	2110.14	11.15%	10.99

行 业	案例数量（起）	比 例	披露金额的案例数量（起）	并购金额（亿元）	比 例	平均并购金额（亿元）
生物技术/医疗健康	217	7.70%	184	1061.95	5.61%	5.77
房地产	163	5.80%	142	1734.03	9.17%	12.21
能源及矿产	143	5.10%	117	607.07	3.21%	5.19
娱乐传媒	136	4.80%	123	303.01	1.60%	2.46
连锁及零售	122	4.30%	100	932.33	4.93%	9.32
电子及光电设备	116	4.10%	110	1123.47	5.94%	10.21
汽 车	115	4.10%	102	1484.42	7.85%	14.55
清洁技术	112	4.00%	93	341.65	1.81%	3.67
电信及增值业务	106	3.80%	100	552.41	2.92%	5.52
化工原料及加工	101	3.60%	88	240.3	1.27%	2.73
建筑/工程	98	3.50%	74	474.25	2.51%	6.41
物 流	83	3.00%	69	499.81	2.64%	7.24
食品/饮料	46	1.60%	40	80.7	0.43%	2.02
农/林/牧/渔	44	1.60%	36	3125.76	16.52%	86.83
教育和培训	34	1.20%	30	45.15	0.24%	1.5
纺织及服装	26	0.90%	23	642.89	3.40%	27.95
半导体	12	0.40%	12	208.31	1.10%	17.36
广播电视及数字电视	4	0.10%	4	23.17	0.12%	5.79
其 他	112	4.00%	88	318.46	1.68%	3.62
合 计	2813	100.00%	2429	18919.23	100.00%	7.79

第五节 非股权融资

2017年,我国非股权融资领域获得较大发展,作为股权融资的重要补充,有力推进了创新创业活动。具体表现为,人民银行着力深化债券市场融资功能,银监会等部门加强投贷联动试点,开发性和政策性银行创新创业融资模式,银行业金融机构加大对小微企业贷款力度,信托机构积极参与创新创业基金,国家知识产权局等部门不断丰富创业融资渠道等。

一、着力深化债券市场融资功能

2017年,人民银行推出创新创业专项金融债券,首单债券成功在银行间市场发行,募集资金专项用于创新创业企业融资。自推出创新创业专项金融债券以来累计批复3只,金额55亿元。指导银行间市场交易商协会推出"双创"专项债务融资工具,由风险控制能力较强的高新园区经营企业作为发行主体,支持创新创业投资企业融资。截至2017年年末,已注册双创专项债务融资工具9单,注册金额170亿元,累计支持创新型企业38家,发行6单,发行金额50亿元。

二、努力加强投贷联动试点力度

根据银监会联合科技部、人民银行出台的《关于支持银行业金融机构加大创新力度开展科创企业投贷联动试点的指导意见》(银监发〔2016〕14号),10家试点银行在5个国家自主创新示范区开展内部投贷联动试点。国家开发银行、中国银行以"贷款+子公司股权投资或子公司持有远期权益"等内部投贷联动方式开展业务。中国银行通过中银国际、中银投资、中银基金等机构提供私募股权、上市培育、并购融资、财务顾问、新三板等多元化服务,截至2017年年末,全行投贷联动客户122户,贷款余额24亿元,其中"我投我贷"客户40户,贷款余额9亿元。工商银行提出跟贷、远期利率期权、可认股安排权及直投四种模式重点支持科创型企业。交通银行通过与投资机构从"业务互荐"到"入户选择权"再到"基金直投",合作由易到难、逐步深入完善。截至2017年12月末,银行业金融机构内部投贷联动业务发放科技创新型企业贷款余额19.86亿元,子公司投资余额12.79亿元;外部投贷联动项下科创企业贷款余额225.57亿元。

工商银行探索以投贷联动方式支持高科技企业发展。主要通过为高科技企业提供一定规模的授信贷款,并联合地方政府融资平台公司发起设立投资基金,或联合工银区域母基金对高科技企业进行股权投资,支持企业发展。

浦发硅谷银行作为首批投贷联动试点银行之一,通过借鉴引进国外科技金融服务的先进经验,积极探索创新本地化科技金融服务模式。一是利用母行硅谷银行的投资人资源,与中国市场上较为活跃的国际知名风险投资、私募机构建立起业务合作关系。二是创新信贷风控模式,在风险可控的情况下尽量满足科技型中小企业的融资需求。三是提供咨询类延伸服务,助力科技型中小企业长期发展。

三、全力推动开发性和政策性银行创新创业融资模式

开发性和政策性银行发挥自身优势,在风险可控的前提下深化金融产品创新,丰富创新创业融资模式,努力支持"双创"发展。一是国家开发银行通过专项基金、国开金融、国开证券等支持科技型企业发展,发行全国首单银行间市场"双创"专项债,截至 2017 年 12 月末,支持战略性新兴产业贷款余额 9832 亿元,累计开发培育了科创企业 220 家,以投贷联动方式对 25 家科创企业进行了支持,签订投贷联动合作协议 10.95 亿元。二是进出口银行主动设立普惠金融服务部,聚焦小微企业、创新创业群体,通过银行转贷款等方式,实现对创新创业企业的有效支持,截至 2017 年 12 月末,该行小微企业转贷、统贷业务余额为 348.35 亿元,较年初增加 188.78 亿元,增幅为 118.31%,支持实际用款小微企业及生产经营户 34877 户,户均贷款余额 82.69 万元。三是农业发展银行在现有农业科技创新贷款、农村土地流转及规模经营贷款等品种基础上,设立专项产品组合支持农村创新创业,包括农村创新创业园区建设贷、返乡下乡人员培训基地建设贷、新产业与新业态信贷通、新型经营主体创业贷和返乡下乡企业贷等,截至 2017 年 12 月末,农业科技创新贷款余额 56.09 亿元。

四、不断加大对小微企业贷款力度

2017 年,人民银行出台普惠金融定向降准政策,重点聚焦单户

授信500万元以下小微企业贷款等普惠金融领域贷款,进一步细化创业担保贷款政策,加大对吸纳就业困难人员和重点人群数量达标的小微企业支持力度。截至2017年年末,全国创业担保贷款余额920亿元,全年累计发放贷款595亿元。

各银行业金融机构加大了对小微企业的贷款力度,全面实现"三个不低于"目标。其中,小微企业(含个体工商户和小微企业主)贷款余额30.74万亿元,占各项贷款余额的24.67%;小微企业贷款较年初增加4.04万亿元,较上年同期增速高15.14%,比各项贷款平均增速高2.67个百分点;小微企业贷款余额户数1520.92万户,较上年同期多159.82万户;小微企业申贷获得率95.27%,较上年同期高1.67个百分点。在具体做法上,一是强化监管引领,要求商业银行年初单列全年小微信贷计划,继续提升小微企业信贷总量、服务覆盖面和满意度。二是完善组织架构,努力扩大金融服务覆盖面,5家大型银行率先在总行和全部一级分行成立普惠金融事业部,在试点示范城市设立352家普惠金融服务机构。三是自主研发授信技术,提升风控水平。四是多方合力,推动优化外部环境。

专栏3-4　银行业金融机构加强与各方合作支持"双创"

工商银行与科技部签订《支持创新创业战略合作协议》,拟在"十三五"期间提供1000亿元的意向性融资支持额度,用于支持国家重大研发任务、科技创新创业企业发展及科技成果转移转化。同时,工商银行还加强与中科院创新孵化投资有限责任公司、北大科技园等科研院所下属创新孵化机构的合作。

建设银行与教育部战略合作成立"中国高校'双创'产业投资基金",连续三年独家冠名并全面参与中国"互联网+"大学生创新创业大赛,该基金为36个大赛金奖项目吸引意向投资累计超过40亿元,实际签约融资额30亿元。

交通银行与红杉、九鼎等20多家知名创投机构建立了合作关系,支持的科技型小微企业达到3000多户。

人民银行中关村中心支行牵头推动出台《关于进一步推动中关村国家自主创新示范区科技金融专营组织机构创新发展的意见》,支持各银行加快在中关村示范区设立科技金融专营组织机构,开展体制机制创新和科技金融产品创新。

北京银行对具有技术优势的先进装备制造等领域的企业优先给予融资支持。累计支持企业1039户,贷款余额514亿元。其中小微企业810户,贷款余额159亿元。

五、积极参与创新创业引导基金

信托机构充分利用其业务经营综合性、灵活性、敏锐性的特点，支持"双创"发展。一是鼓励信托公司以股债结合、产业基金等模式开展投贷联动业务，将股权投资、信托贷款、管理服务融为一体，构建贯穿企业生命周期的全流程金融服务体系，形成科创企业金融服务规模效应。二是支持信托公司通过信托贷款、股权投资、特定资产收益权投资、中小企业投资基金等多种方式，助力"双创"发展。三是督促信托公司完善业务战略规划与绩效考核评估机制，提升对"双创"企业的服务质效。

专栏3-5　信托机构参与创新创业引导基金

　　中航信托与地方资本发起设立地区人才创新创业引导基金，主要用于吸引、培育和支持高端人才或优秀人才团队在地区实施的创新创业类项目，积极推动人才和产业的深度融合，构建与基金化相联接的业务模式与体系，搭建跨地域、跨行业、跨平台、跨资金来源的综合性服务平台，使得技术、项目、资本汇聚、融合和对接，促进创新创业要素流动和成果转化。

六、不断丰富创业融资渠道

国家知识产权局推动专利权质押融资，2017年全国新增专利权质押融资金额720亿元，同比增长65%。国家发展改革委设立运作"双创"孵化专项债券，截至2017年年底，核准"双创"专项债超过50亿元。保监会支持保险资金参与创新创业，截至2017年年底，保险业直接或间接投资中小微企业资金规模突破百亿元大关。

第四章 创业主体

2017年,各级政府大力激发和保护企业家精神,鼓励更多社会群体投身创新创业,不断完善制度政策环境,全社会创新创业热情不断高涨,各类创业群体不断壮大,新设市场主体继续快速增长,行业结构不断优化,创业企业质量不断提升。

第一节 创业企业

积极落实商事制度改革各项任务措施,营商环境持续改善,2017年全国新登记企业数量达607.37万户,同比增长9.9%。全年日均新设企业1.66万户,较2016年日均新设量(1.51万户)增长了10.2%。

一、创业企业数量增长较快

商事制度改革激发了全社会投身创业的热情,释放了经济发展的内在潜力,为打造经济新引擎、催生发展新动力夯实了微观基础。特别是新设企业发展活跃,为扩大就业发挥了重要支撑作用。

新登记企业数量快速增长。2017年全国新登记企业数量和注册资本(金)分别达607.37万户和54.09万亿元,同比分别增长

9.9%和29.0%。全年日均新设企业1.66万户,较2016年日均新设量增长了10.2%。其中,2017年新登记外国(地区)投资企业数量、注册资本、投资总额分别为6.43万户、5091.33亿美元、1.64万亿美元,同比分别增长33.4%、33.2%、221.4%。

实有企业数量持续提高。截至2017年年底,我国实有企业数量为3033.7万户,同比增长16.9%。连续五年实现两位数增长,从另一个侧面反映了创业企业强劲的发展势头。

表4-1 全国新登记企业和实有企业情况

项 目	单 位	2017年新登记	同比增速（%）	至2017年年底实有	同比增速（%）
企业总数	户	6073725	9.9	30337265	16.9
注册资本(金)总 额	亿元	540878.55	29.0	2884691.42	28.4

二、创业企业产业结构不断优化

近八成左右创业企业从事第三产业。2017年新登记企业中,第三产业企业数量和注册资本分别为479.38万户、42.45万亿元,占比分别为78.9%、78.5%。第三产业新设企业数量同比增长7.48%,带动第三产业实有企业在全国实有企业中的比重由2016年年底的76.00%提升到2017年年底的76.41%。2017年第三产业增加值同比增长8.0%,占国内生产总值比重达到51.6%。第三产业成为稳定经济增长的重要动能。

第二产业新设企业回暖发展。全年第二产业新登记企业数量和注册资本分别为107.88万户和10.63万亿元,同比分别增长29.9%和55.9%,增速较上年明显加快。其中,2017年制造业新登记企业数量和注册资本分别为 51.84 万户和 3.35 万亿元,同比增长 16.3% 和 33.6%。其中,现代制造业新登记企业数量同比增长 18.2%;装备制造业新登记企业数量同比增长 20.8%。产能过剩行业新登记企业数量9222户,同比增长 20.6%。其中钢铁、水泥新登记企业数量分别为 1504 户和 5845 户,同比分别增长 25.4% 和 28.3%。

农业新登记企业数量有所下降。第一产业新登记企业数量 20.12 万户,同比下降 15.2%。注册资本 1.02 万亿元,同比增长 9.5%。

服务业新设企业现代化方向突出。2017 年各类新兴服务业中,科学研究和技术服务业、信息传输软件和信息技术服务业、文化体育和娱乐业、教育业,新设企业数量同比增速分别为 24.3%、13.8%、17.8% 和 33.4%。生产性服务业企业新登记数量达到 303.02 万户,同比增长 6.8%,在服务业中占比达到 63.2%。高技术服务业企业新登记数量同比增长 19.7%。批发和零售业企业新登记数量为 199.11 万户,同比增长 0.7%,较上年增速降低 21.6 个百分点。金融企业新登记数量同比下降 18.5%。可见,科学研究和技术服务业、信息传输软件和信息技术服务业、文化体育和娱乐业、教育,仍是创业的热门行业。

三、创业企业质量不断提升

私营企业指标逐年提升。2017 年新登记私营企业为 569.95 万户,同比增长 9.0%,新登记私营企业数占新登记企业总数的 93.8%。新登记私营企业带动就业 3282.55 万人,同比增长 13.2%。截至 2017 年年底,实有私营企业户数达到 2726.28 万户,同比增长 18.1%。从业人员达到 19881.7 万人,同比增长 10.5%。

表 4-2　企业类型结构情况

项目			单位	2017 年 新登记	同比增速 （%）	至 2017 年底实有	比上年底增长 （%）
企业总数			户	6073725	9.9	30337265	16.9
内资企业	户数		户	6009441	9.7	29797920	17.1
	其中：私营企业	户数	户	5699504	9.0	27262813	18.1
		注册资本(金)	亿元	423820.19	31.0	1771208.62	35.7
		从业人员	人	32825544	13.2	198816981	10.5
外商投资企业	户数		户	64284	33.4	539345	6.8
	注册资本		万美元	50913253.2	33.2	371071855.3	18.8

瞪羚企业大量涌现。2016 年瞪羚企业数量达到 2576 家，创新创业生态良好的国家高新区成为瞪羚企业的集聚区。瞪羚企业共分布在 132 个国家高新区。其中前十家分别为中关村 650 家、上海张江 271 家、深圳 117 家、广州 111 家、苏州（苏州工业园区）82 家、杭州 74 家、武汉东湖 73 家、西安 56 家、成都 55 家、天津 54 家，这十家高新区的瞪羚企业数总量占总量的半数之多。此外，厦门、重庆、长沙、济南、无锡、合肥、南京、东莞、佛山等高新区也颇具实力，进入前二十强。瞪羚企业以高水平的科技活动投入与产出，引领高新区创新创业。2016 年，瞪羚企业科技活动投入强度为 6.2%，技术收入和高新技术产品收入分别占营业收入的 29% 和 45%，这表明新产品和技术收入是瞪羚企业营收的主要部分。同时，瞪羚企业开拓技术服务出口，积极布局国际市场。2016 年，瞪羚企业的技术服务出口总额同比增长 74.8%；境外注册商标同比增长率高达 337.9%，三年复合增长率为 189.9%；瞪羚企业 2016 年申请欧美日专利、授权和拥有欧美日专利数量均显著增长。

小微企业总活跃度较高。据原国家工商总局对新设小微企业开业一周年活跃度调查,2016 年新设小微企业发展总体良好,表现较为活跃,周年开业率保持在 70% 左右。经营状况基本稳定,开业企业中,近八成开展了生产经营活动。带动就业作用突出,户均从业人员由开业时 6.1 人增加到 7.3 人,增长 19.7%。2017 年全国城镇新增就业超额完成预期目标,新设企业发挥了关键支撑作用。据测算,新设企业对同期城镇新增就业的贡献率近 40%。

四、创业企业退出机制不断完善

积极推行企业简易注销改革。2017 年 3 月 1 日起,在全国范围内全面实行企业简易注销登记改革,对领取营业执照后未开展经营活动(未开业)、申请注销登记前未发生债权债务或已将债权债务清算完结(无债权债务)的有限责任公司、非公司企业法人、个人独资企业、合伙企业,由其自主选择适用一般注销程序或简易注销程序。截至 2017 年 10 月底,154699 户企业通过简易注销登记程序退出市场,占发布简易注销公告企业总量的 48%。

五、创业企业区域结构差异明显

东部地区仍然是新登记企业、实有企业数量较多的地区。2017 年,全国新设企业 607.4 万户,以四大区域划分,2017 年全国新登记企业在东部、中部、西部、东北地区分别为 344.3 万户、115.9 万户、115.2 万户、31.9 万户,占比分别为 56.69%、19.08%、18.98%、5.25%。东部地区的新登记企业占据半壁江山。截至 2017 年年底,东部、中部、西部、东北地区实有企业数量分别为 1774.2 万户、520.8 万户、578.5 万户、160.2 万户,分别增长 17.0%、17.8%、15.9%、15.3%。

中部、东北地区成为新登记企业增长较快的地区。东部、中部、

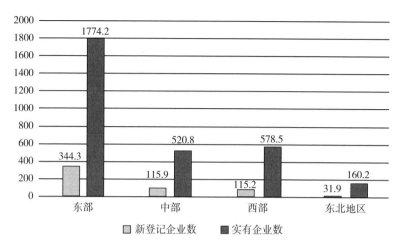

图 4-1 2017 年企业新登记户数、实有户数区域分布(单位:万户)

西部、东北地区新登记企业同比增速为 6.8%、16.6%、11.4%、15.5%。中部、东北地区成为新登记企业增长最快的两个地区。

广东、江苏、山东、浙江、河南等省份企业发展迅猛。2017 年全国新设企业排在前五位的省份分别是广东、江苏、山东、浙江、河南,新登记企业分别为 90.41 万户、55.02 万户、48.54 万户、37.91 万户、29.87 万户。增速排在前五位的省份为:陕西、浙江、新疆、辽宁、江西,增速分别为:41.94%、31.37%、30.72%、27.79%、27.24%。但是,整体增速不如 2016 年强劲。增速排在后五位的省(市)为:西藏、山东、重庆、青海、北京,增速分别为 -4.65%、-5.37%、-7.39%、-7.48%、-12.63%。增速呈现负增长的省(市)有 9 个。截至 2017 年年底,全国实有企业排在前五位的省(市)分别为:广东、江苏、山东、浙江、上海,实有企业分别达到 420.17 万户、289.96 万户、225.85 万户、196.17 万户、188.12 万户。增速排在前五位的省份为西藏、安徽、贵州、河南、河北,增速分别为 27.58%、23.56%、21.85%、21.79%、21.71%。增速排在后五位的省(市)为:湖北、云南、江西、重庆、海南,增速分别为 12.25%、11.89%、10.72%、9.37%、5.30%。

表 4-3　各省实有、新登记企业情况　　　　　　　　　（单位:户）

项　　目	期末实有企业		新登记企业	
	2016 年年底	2017 年年底	2016 年	2017 年
合　计	25961141	30337265	5527874	6073725
总　局	60		1	
北　京	1377243	1550558	222027	193994
天　津	418855	478792	92545	97794
河　北	1022605	1244613	250205	284194
山　西	453600	523960	91056	104431
内蒙古	327278	375336	70663	76581
辽　宁	704905	810075	124577	159193
吉　林	323409	383431	81113	78097
黑龙江	361466	408909	70726	82030
上　海	1655529	1881175	294666	293169
江　苏	2497214	2899550	548595	550196
浙　江	1673391	1961741	288603	379145
安　徽	816898	1009381	189925	231531
福　建	901461	1063707	190664	215240
江　西	556481	616141	118451	150721
山　东	1908405	2258525	512882	485354
河　南	1056762	1287012	245982	298738
湖　北	944135	1059745	212132	212892
湖　南	593314	711793	136706	160960
广　东	3513087	4201688	790515	904093
广　西	584519	670224	104154	108969
海　南	191246	201375	32923	40172
重　庆	670482	733309	128121	118648
四　川	1052812	1236215	225204	259590
贵　州	455860	555466	101281	127811
云　南	546269	611240	119467	114706

项 目	期末实有企业		新登记企业	
	2016 年年底	2017 年年底	2016 年	2017 年
西 藏	42756	54549	14246	13583
陕 西	563110	663394	107830	153053
甘 肃	282939	333056	64756	63637
青 海	74400	84092	17698	16375
宁 夏	121782	145777	28000	30643
新 疆	268868	322436	52160	68185

第二节 个体工商户和农民专业合作社

个体工商户和农民专业合作社是创业主体的重要组成部分。2017 年,个体工商户户数较 2016 年大幅增长,占新登记市场主体的67.0%,比 2016 年提高 2.3 个百分点。新登记农民专业合作社27.77 万户,同比下降 6.2%,其占新登记市场主体的份额为 1.44%,比 2016 年下降 0.36 个百分点。

一、个体工商户数量、从业人员保持稳定增长

新登记个体工商户和实有个体工商户数量大幅增长。2017 年全国新登记个体工商户 1289.8 万户,增长 20.7%,较 2016 年 5.7%的增速大幅提升;新设个体工商户带动就业 2846.81 万人,同比增长17.4%;注册资金总额达到 14629.5 亿万元,同比增长高达 32.4%。截至 2017 年年底,全国实有个体工商户 6579.4 万户,同比增长10.95%,占全国实有市场主体的 67.0%。2017 年新登记个体工商户约占实有个体工商户的五分之一。实有个体工商户带动就业14225.3 万人,同比增长 10.6%。

表 4-4 2017 年个体工商户新设、实有情况

	单 位	新登记数	同比增长(%)	实有数	同比增长(%)
户 数	户	12897898	20.7	65793743	11.0
资金数额	万元	146295009.9	32.4	541407684.6	21.9
从业人员	人	28468110	17.4	142252745	10.6

农村个体工商户从业人员增速快于城镇。截至 2017 年年底,城镇个体工商户实有从业人员 9347.5 万人,增长 8.4%,占个体工商户从业人员的 65.7%。农村个体工商户从业人员 4877.8 万人,增长 15.18%,占个体工商户从业人员 34.3%。

批发和零售业,住宿和餐饮业,居民服务、修理和其他服务业,制造业等行业个体工商户从业人员占比较大。批发和零售业实有个体工商户从业人员 7376.3 万人,占实有个体工商户从业人员的 51.85%;住宿和餐饮业实有 2273.9 万人,占 15.98%;居民服务、修理和其他服务业实有 1554.3 万人,占 10.93%;制造业实有 1479.42 万人,占 10.40%。

教育,房地产业,建筑业,交通运输、仓储和邮政业等行业个体工商户从业人员增长较快。截至 2017 年年底,教育,房地产业,建筑业,交通运输、仓储和邮政业,住宿和餐饮业个体工商户从业人员同比增长分别为 40.87%、28.18%、24.59%、24.34%、24.01%。教育、房地产业等行业个体工商户从业人员快速增长。

表 4-5 截至 2017 年底各行业个体工商户从业人员情况

行业类型	从业人员(人)	同比增长
农林牧渔	5529218	13.68%
采矿业	151047	-9.98%
制造业	14794244	7.56%
电力、热力、燃气及水生产和供应业	51832	-0.80%
建筑业	806687	24.59%

行业类型	从业人员（人）	同比增长
批发和零售业	73763484	5.64%
交通运输、仓储和邮政业	3302668	24.34%
住宿和餐饮业	22738811	24.01%
信息传输、软件和信息技术服务业	654259	8.14%
金融业	11909	12.30%
房地产业	235056	28.18%
租赁和商务服务业	2214237	19.63%
科学研究和技术服务业	382320	4.28%
水利、环境和公共设施管理业	45333	−39.16%
居民服务、修理和其他服务业	15543347	16.23%
教　育	169404	40.87%
卫生和社会工作	452662	13.82%
文化、体育和娱乐业	1133744	15.33%
其　他	272483	−22.24%

二、个体工商户集中在第三产业

九成新登记个体工商户、实有个体工商户集中在第三产业。 2017年,全国新登记个体工商户分产业来看,第一、二、三产业分别新登记个体工商户46.5万户、75.4万户、1167.9万户,分别增长16.7%、26.1%、20.5%,分别占新登记个体工商户户数的3.60%、5.85%、90.55%。第一、三产业占比略比2016年有所下降,第二产业有所上升。与第一、第二产业相比,从事第三产业的新登记个体工商户数量、占比均具有较明显的优势。截至2017年年底,全国实有个体工商户分产业来看,第一、二、三产业实有个体工商户分别为186.7万户、446.5万户、5946.2万户,分别增长19.4%、10.7%、10.7%。三种产业实有个体工商户数占全国实有个体工商户户数的比重分别为2.84%、6.79%、90.37%,形成了绝大多数个体工商户从事第三产业的市场主体格局。

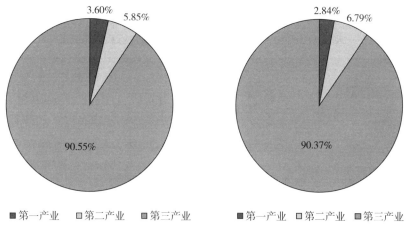

3.60%　5.85%

90.55%

■第一产业　□第二产业　■第三产业

2.84%　6.79%

90.37%

■第一产业　□第二产业　■第三产业

图 4-2　2017 年全国个体工商户新登记、实有户数产业结构(%)

五成个体工商户从事批发和零售行业。从个体工商户行业分布来看,新登记个体工商户数量排名前五位的行业是,批发和零售业654.9 万户,住宿和餐饮业 250.5 万户,居民服务、修理和其他服务业 143.1 万户,制造业 68.4 万户,交通运输、仓储和邮政业 60.6 万户。其中,批发和零售业的户数占比为 50.78%,占比较 2016 年下降4.02 个百分点。分布较少的行业为教育,电力、热力、燃气及水生产和供应业,采矿业,水利、环境和公共设施管理业,金融业。另外,截至 2017 年年底,实有个体工商户数量排名前五位的行业是,批发和零售业 3998.9 万户,住宿和餐饮业 819.9 万户,居民服务、修理和其他服务业 675.7 万户,制造业 422.9 万户,农、林、牧、渔业 199.1 万户。其中,批发和零售业的户数占全国实有个体工商户数量的 60.78%。

交通运输、仓储和邮政业,电力、热力、燃气及水生产和供应业,建筑业,房地产业,教育业等行业新登记个体工商户增速较快。2017年新登记个体工商户户数增速最快的五个行业分别为:交通运输、仓储和邮政业,电力、热力、燃气及水生产和供应业,建筑业,房地产业,教育业,增速分别为 98.7%、79.2%、60.8%、57.7%、45.00%。

表 4-6　实有个体工商户、新设个体工商户行业分布情况

行业分类	2017 年实有个体工商户		2017 年新登记个体工商户	
	户数(户)	资金数额(万元)	户数(户)	资金数额(万元)
农林牧渔	1991147	64244622.19	486540	15693788.77
采矿业	30347	1519747.29	2626	180047.63
制造业	4229163	46850179.24	684349	9290305.13
电力、热力、燃气及水生产和供应业	20494	1033553.67	4486	153233.51
建筑业	230284	5046950.76	69720	2622809.25
批发和零售业	39988816	256915178.00	6549362	66827245.50
交通运输、仓储和邮政业	1914189	19918911.54	606219	6891669.08
住宿和餐饮业	8199138	75519580.54	2504714	24394754.59
信息传输、软件和信息技术服务业	355319	2101166.36	71526	636713.24
金融业	5494	53681.31	1375	16161.40
房地产业	98125	640803.73	28649	246320.13
租赁和商务服务业	1081229	11005703.31	282581	3717917.88
科学研究和技术服务业	184447	1082135.19	23387	257772.49
水利、环境和公共设施管理业	15126	203092.80	2301	57850.35
居民服务、修理和其他服务业	6757122	45360927.82	1431488	12694582.50
教　育	58953	686621.48	22252	279266.15
卫生和社会工作	160933	1827375.86	29723	510931.39
文化、体育和娱乐业	352450	6497169.74	83902	1649252.60
其　他	120967	900283.79	12698	174388.33

三、个体工商户区域分布差异明显

东部仍然是个体工商户比较集中的地区。从新登记个体工商户看,2017 年新增数量依次排序是东部、西部、中部、东北地区,分别为

527.30 万户、356.48 万户、299.01 万户、107.01 万户,占比分别为40.9%、27.6%、23.2%、8.3%。从实有个体工商户看,东部、西部、中部、东北地区分别 2804.50 万户、1684.55 万户、1538.61 万户、551.70 万户,占比分别为 42.62%、25.60%、23.39%、8.39%。东部、中部、西部、东北地区实有个体工商户增速分别为 12.3%、11.6%、9.5%、7.0%。

西部成为个体工商户增长最快的地区。2017 年东部、中部、西部、东北地区新登记个体工商户增速分别为 18.63%、14.00%、31.12%、18.49%。西部地区成为个体工商户增长最快的地区。

表 4-7　四大地区个体工商户情况　　　　　　　　　　(单位:户)

	实有数		新登记数	
	2016 年年底	2017 年年底	2016 年	2017 年
东部地区	24973632	28045044	4444851	5272989
中部地区	13787635	15386107	2622795	2990063
西部地区	15383438	16845544	2718712	3564751
东北地区	5154795	5517048	903131	1070095

地区间个体工商户发展差异较大。从各省新登记个体工商户来看,2017 年新登记个体工商户最多的五个省为广东、山东、江苏、河南、河北,分别为 104.10 万户、99.07 万户、99.05 万户、78.78 万户、78.29 万户。最少的五个省(市)为青海、宁夏、上海、西藏、北京,分别为 6.70 万户、6.58 万户、6.06 万户、3.94 万户、1.70 万户。2017年新登记个体工商户同比增长率最高为 96.0%,最低为-29.0%。同比增长的有 28 个省份,同比下降的有 3 个省。增速排在前五位的省(市)为贵州、天津、四川、陕西、辽宁,增速分别为 96.0%、79.6%、49.4%、43.7%、32.1%。排在后五位的省(市)为河北、宁夏、内蒙古、甘肃、北京,增速分别为 3.4%、3.3%、-2.3%、-3.0%、-29.0%。

从各省实有个体工商户来看,截至 2017 年年底实有个体工商户最多的五个省为广东、山东、江苏、浙江、四川,分别为 600.96 万户、561.81 万户、510.44 万户、389.65 万户、362.36 万户。最少的五个省(市)为上海、海南、宁夏、青海、西藏,分别为 44.70 万户、44.67 万户、37.94 万户、27.57 万户、16.53 万户。实有个体工商户同比增长率最高为 22.57%,最低为-10.8%。增速排在前五位的省(市)为天津、西藏、河南、江苏、福建,增速分别为 22.57%、16.79%、16.62%、16.32%、15.72%。排在后五位的省(市)为辽宁、云南、江西、甘肃、北京,增速分别为 4.44%、4.33%、2.49%、1.26%、-10.80%。

表 4-8 各省个体工商户实有、新登记情况 （单位:户）

项 目	个体工商户实有		个体工商户新登记	
	2016 年年底	2017 年年底	2016 年	2017 年
北 京	608142	542445	23907	16985
天 津	401738	492422	72954	131038
河 北	2926580	3337752	757253	782935
山 西	1401927	1467583	227947	271291
内蒙古	1341589	1402958	288785	282269
辽 宁	2207051	2305116	348559	460617
吉 林	1471874	1610101	268979	305431
黑龙江	1475870	1601831	285593	304047
上 海	426641	446993	50916	60628
江 苏	4388339	5104365	775976	990495
浙 江	3526088	3896468	618193	707821
安 徽	2356460	2715364	397853	460060
福 建	1858167	2150236	357521	468786
江 西	1655784	1696942	263821	334004
山 东	5017586	5618066	896577	990732
河 南	3073731	3584621	721259	787764

项 目	个体工商户实有		个体工商户新登记	
	2016 年年底	2017 年年底	2016 年	2017 年
湖 北	3048517	3352140	599389	633300
湖 南	2251216	2569457	412526	503644
广 东	5411749	6009635	820417	1040952
广 西	1543576	1688950	301205	354283
海 南	408602	446662	71137	82617
重 庆	1444137	1576459	225003	264050
四 川	3146669	3623582	498571	744923
贵 州	1662081	1848583	255106	500068
云 南	1991155	2077273	361102	452050
西 藏	141529	165286	31568	39411
陕 西	1496436	1628170	267358	384107
甘 肃	1057940	1071243	178244	172880
青 海	243335	275676	50843	66995
宁 夏	342500	379378	63702	65805
新 疆	972491	1107986	197225	237910
合 计	59299500	65793743	10689489	12897898

四、农民专业合作社发展增速同比下降

2017 年,新登记农民专业合作社 27.77 万户,出资总额 6623.60 万亿,成员总数 317.18 万个,同比分别下降 6.2%、2.2%、6.3%。截至 2017 年年底,全国实有农民专业合作社 201.7 万户,占全国实有市场主体的 2.1%,同比增长 12.5%,比 2016 年下降 5.1 个百分点;出资总额为 46768.05 万元,同比增长 14.0%,比 2016 年下降 5.8 个百分点;成员总数为 4730.82 万个,同比增长 5.5%,比 2016 年下降

2.3个百分点。

表 4-9　农民专业合作社发展情况

	单位	2017 年新登记	同比增速%	至 2017 年年底实有	比上年底增速%
户　数	户	277743	-6.2	2017218	12.5
出资总额	亿元	6623.60	-2.2	46768.05	14.0
成员总数	个	3171784	-6.3	47308237	5.5

第三节　创业群体

2017 年,在一系列支持创新创业政策的激励下,全社会各类群体纷纷投身创新创业浪潮,创业群体队伍不断发展壮大,创业内容不断丰富,创业水平不断提升。

一、科技人员创业积极性进一步提升

2017 年 3 月,人社部出台《关于支持和鼓励事业单位专业技术人员创新创业的指导意见》,明确了四方面政策措施:一是支持和鼓励事业单位选派专技人员到企业挂职或者参与项目合作,其间与原单位在岗人员同等享有相关权利,并可以依协议取得成果转让、开发收益;二是支持和鼓励事业单位专技人员兼职创新或者在职创办企业,取得的成绩可以作为专技人员职称评审、岗位竞聘、考核的重要依据;三是支持和鼓励事业单位专技人员离岗创新创业,可在 3 年内保留人事关系,离岗创业期间保留基本待遇;四是支持和鼓励事业单位设置创新型岗位,可以通过设置特设岗位、流动岗位选拔、吸引创新人才,探索实行灵活、弹性的工作时间,鼓励绩效工资分配向在创新岗位做出突出成绩人员倾斜。这些政策的出台,对鼓励事业单位科技人员创新创业产生了热烈的反响。

二、大学生创业规模稳定增长

大学生创业者规模稳定增长，其增幅高于同龄其他创业者。 2013 年至 2017 年，首次登记注册的青年创业者达 1704.4 万人，其中大学生创业者 265.4 万人，占 15.6%。2017 年首次登记注册的青年创业者为 410.2 万人，其中大学生创业者 64.5 万人，分别比 2013 年增长 57.3% 和 79.9%。从 5 年来的走势看，青年创业者和大学生创业者年增幅均自 2016 年开始下滑，2017 年青年创业者年增长率为 6.6%，大学生创业者年增幅 2017 年为 4.8%，呈现理性创业趋势。见表 4-10。

表 4-10　2013—2017 年大学生创业者人数变化

年　份	青年创业者人数（人）	青年创业者增幅	大学生创业者人数（人）	大学生创业者占比	大学生创业者增幅	同龄其他创业者人数（人）	同龄其他创业者增幅
2013 年	2608039	—	358305	13.7%	—	2249734	—
2014 年	3010759	15.4%	477588	15.9%	33.3%	2533171	12.6%
2015 年	3476585	15.5%	558149	16.1%	16.9%	2918436	15.2%
2016 年	3846970	10.7%	615026	16.0%	10.2%	3231944	10.7%
2017 年	4101751	6.6%	644532	15.7%	4.8%	3457219	7.0%
5 年合计	17044104	57.3%	2653600	15.6%	79.9%	14390504	53.7%

大学生创业者具有鲜明的理性特征。 一是实际经验是创业重要支撑要素，大学毕业时间未超过 5 年的毕业生是大学生创业的主力，在校生创业只占 18.1%。2013 年到 2017 年，在校生创业占比由 15.1% 上升到 19.7%，在校生创业有增长趋势。见表 4-11。二是大学生创业以本、专科学历者为主，占 96.3%，研究生创业总体上呈现增长趋势，2013 年到 2017 年，研究生创业占比由 2.9% 上升到

3.6%。三是男性创业比例高,占 63.5%,并且呈现出增长趋势,2013
年到 2017 年,男性创业占比由 62.3%上升到 63.4%。见表 4-12。
四是创业者知识背景相对集中,专科学历创业者财经商贸专业占比
最高(25.9%),财经商贸、土木建筑、装备制造、电子信息四个专业,
合计占专科学历创业者的 61.3%;本科以上学历创业者工学专业占
比最高(30.5%),工学、管理学、艺术学三大学科门类,合计占本科以
上学历创业者的 68.1%。

表 4-11 2013—2017 年大学生创业者分类别人数

| 类　别 | 首次登记注册的大学生创业者人数（人） | | | | | | 占　比 |
	2013 年	2014 年	2015 年	2016 年	2017 年	5 年合计	
在校生	54039	75542	104018	121130	126653	481382	18.1%
毕业生	304266	402046	454131	493896	517879	2172218	81.9%

表 4-12 2013—2017 年大学生创业者分类别人数

| 类　别 | 首次登记注册的大学生创业者人数（人） | | | | | | 占　比 |
	2013 年	2014 年	2015 年	2016 年	2017 年	合计	
专　科	198593	257374	281213	312551	333399	1383130	52.1%
本　科	149280	207265	251730	277557	287781	1173613	44.2%
研究生	10432	12949	25206	24918	23352	96857	3.7%
男　性	223183	305986	355229	392150	409044	1685592	63.5%
女　性	135122	171602	202920	222876	235488	968008	36.5%
16—19 岁	1488	2314	2959	3673	4585	15019	0.6%
20—24 岁	133026	173358	207580	240974	260730	1015668	38.3%
25—30 岁	223791	301916	347610	370379	379217	1622913	61.2%
合　计	358305	477588	558149	615026	644532	2653600	100.0%

表 4-13　2017 年大学生创业者分专业或学科门类人数

| 专业/学科门类 | 首次登记注册的大学生创业者人数（人） | | | | 占　比 |
	专科	本科	研究生	合计	
农林牧渔	6733	—	—	—	2.0%
资源环境与安全	6296	—	—	—	1.9%
能源动力与材料	3918	—	—	—	1.2%
土木建筑	42873	—	—	—	12.9%
水　利	1359	—	—	—	0.4%
装备制造	40840	—	—	—	12.2%
生物与化工	3877	—	—	—	1.2%
轻工纺织	1551	—	—	—	0.5%
食品药品与粮食	4425	—	—	—	1.3%
交通运输	12063	—	—	—	3.6%
电子信息	34409	—	—	—	10.3%
医药卫生	17888	—	—	—	5.4%
财经商贸	86338	—	—	—	25.9%
旅　游	10727	—	—	—	3.2%
文化艺术	24339	—	—	—	7.3%
新闻传播	4439	—	—	—	1.3%
教育与体育	23749	—	—	—	7.1%
公安与司法	4340	—	—	—	1.3%
公共管理与服务	2842	—	—	—	0.9%
其　他	393	—	—	—	0.1%
哲　学	—	103	184	287	0.1%
经济学	—	19048	1035	20083	6.5%
法　学	—	6692	1464	8156	2.6%

专业/学科门类	首次登记注册的大学生创业者人数(人)				占　比
	专科	本科	研究生	合计	
教育学	—	13669	1598	15267	4.9%
文　学	—	23630	1255	24885	8.0%
历史学	—	586	137	723	0.2%
理　学	—	13325	1959	15284	4.9%
工　学	—	86559	8358	94917	30.5%
农　学	—	4883	1286	6169	2.0%
医　学	—	6807	1468	8275	2.7%
军事学	—	34	1	35	0.0%
管理学	—	59964	2414	62378	20.0%
艺术学	—	52480	2193	54673	17.6%
其　他	—	1	0	1	0.0%
总　计	333399	287781	23352	644532	100.0%

大学生创业者主要从事第三产业。2017年首次登记注册的大学生创业者有90.4%从事第三产业,从事第二产业和第一产业的分别只有7.8%和1.8%。分行业看,大学生创业者从事较多的前五个行业依次是:批发和零售业占38%,租赁和商务服务业占13.5%,住宿和餐饮业占10.1%,科学研究和技术服务业占7.4%,信息传输、软件和信息技术服务业占6.9%,合计为75.9%。见表4-14。

表4-14　2017年大学生创业者分产业和行业人数

产业/行业	首次登记注册的大学生创业者人数(人)	占　比
第一产业	11413	1.8%
农、林、牧、渔业	11413	1.8%
第二产业	50467	7.8%

产业/行业	首次登记注册的 大学生创业者人数（人）	占　比
采矿业	169	0.0%
制造业	24733	3.8%
电力、热力、燃气及水生产和供应业	854	0.1%
建筑业	24711	3.8%
第三产业	582652	90.4%
批发和零售业	244782	38.0%
交通运输、仓储和邮政业	7716	1.2%
住宿和餐饮业	65108	10.1%
信息传输、软件和信息技术服务业	44740	6.9%
金融业	1466	0.2%
房地产业	9192	1.4%
租赁和商务服务业	87066	13.5%
科学研究和技术服务业	47705	7.4%
水利、环境和公共设施管理业	1065	0.2%
居民服务、修理和其他服务业	37316	5.8%
教　育	6926	1.1%
卫生和社会工作	979	0.2%
文化、体育和娱乐业	28226	4.4%
公共管理、社会保障和社会组织	19	0.0%
国际组织	16	0.0%
其　他	330	0.1%
合　计	644532	100.0%

大学生创业形式以私营企业为主。大学生创业者的创业组织形式较为集中,以私营企业和个体工商户为主,其中创办私营公司的占

53.2%,从事个体经营的占 44%,合计 97.2%。从发展趋势看,个人独资企业和合伙企业两种形式呈现减少趋势。个人独资企业 2013 年到 2016 年呈现减少势头,但 2017 年减少幅度尤为明显,较 2013 年减少 34.1%。合伙企业在 2015 年出现峰值之后,2016 年开始呈现减少势头,2017 年虽略有回升,但较 2015 年仍减少 23.2%。见表 4-15。

表 4-15　2013—2017 年大学生创业者分市场主体类型人数

类　别	首次登记注册的大学生创业者人数(人)						占　比
	2013 年	2014 年	2015 年	2016 年	2017 年	合计	
私营公司	187970	258404	293141	328959	343254	1411728	53.2%
个人独资企业	7571	6022	6184	6687	4990	31454	1.2%
合伙企业	3252	4246	14440	10801	11086	43825	1.7%
个体工商户	159512	208916	244384	268579	285202	1166593	44.0%
合　计	358305	477588	558149	615026	644532	2653600	100%

大学生创业者主要集中在东部区域,选择中西部地区创业的增速较快。2017 年创业的大学生中,工商登记注册地在东北、东部、中部、西部地区的分别为 48719 人、298002 人、144147 人和 153664 人,分别占 7.6%、46.2%、22.4% 和 23.8%。从总体上看,2013 年至 2017 年,首次登记注册地在东北地区的大学生创业者占 7.9%,在东部地区的占 46.8%,在中部地区的占 22.5%,在西部地区的占 22.8%。从 5 年来的走势看,西部地区登记注册的增长最高,达 109.7%,中部地区登记注册的大学生创业者增长了 86.7%,远高于东北地区的 69.8% 和东部地区的 66.4%。见表 4-16。

表 4-16　2013—2017 年大学生创业者分登记注册地人数

登记 注册地	首次登记注册的大学生创业者人数（人）						占　比	增　幅
	2013 年	2014 年	2015 年	2016 年	2017 年	合　计		
东　　北	28690	36145	47183	50037	48719	210774	7.9%	69.8%
东　　部	179133	229813	245961	287821	298002	1240730	46.8%	66.4%
中　　部	77220	106232	133209	136595	144147	597403	22.5%	86.7%
西　　部	73262	105398	131796	140573	153664	604693	22.8%	109.7%
合　　计	358305	477588	558149	615026	644532	2653600	100%	79.9%

三、留学人员回国创业热潮显现

截至 2017 年年底，我国留学回国人员总数已达 313.2 万人，党的十八大以来五年回国人数占到 70%。其中 2016 年回国 43.3 万人，比 2015 年增加 2.39 万人，增长 5.8%。2017 年度我国各类出国留学人员总数达 60.84 万人，各类留学回国人员总数达 48.09 万人，尽管 20—29 岁的年轻人依然是海归人才的主力军，但这部分人群占海归人才总体的比例已经从 2013 年的 79.7% 下降到 52.2%，与此同时，30—40 岁海归的占比从 2013 年的 16.5%，增至 2017 年的 30.6%，创历史新高。

留学回国人员创新创业环境不断优化。人社部持续推进留学人员创业园建设工作，2015 年，印发《关于做好留学回国人员自主创业工作有关问题的通知》，将海归纳入国家高校毕业生就业创业支持范围。2016 年，会同有关部门出台《关于实施创业担保贷款支持创业就业工作的通知》，将留学回国人员列入创业担保贷款支持对象范围。人社部深入实施高层次留学人才回国资助、留学人员回国创业启动支持计划、留学人员科技活动项目择优资助，党的十八大以来累计投入超过 1.8 亿元，支持 2268 名留学人员回国创新创业。

留学回国人员创业能力不断提升。各级人社部门围绕海归创新创业痛点,树立"加法"思维,健全公共服务体系、创新服务方式、加强创业指导,力促归国潮转化为创新潮。党的十八大以来,人社部发挥117家中国留学人员回国服务联盟成员单位作用开展服务工作。每年开展多期创业导师走进留学人员创业园、留学人员回国创业高级研修班等系列活动,宣传解读政策、开展创业指导,为留学人员企业发展壮大提供了有力支撑。

留学人员创业园稳步发展。人社部持续推进留学人员创业园建设工作,为海归打造"圆梦工厂"。截至2017年年底,创业园建成数量持续增加,全国共建成留学人员创业园351个,比2016年增加4家,其中省部共建创业园49家;入园企业总数2.3万家,较2016年减少0.4万家;8.6万名留学回国人员在园区创业,较2016年增加0.7万人。见表4-17。

表4-17　留学人员创业园发展状况

年　　份	创业园数量(个)	入园企业数量(万家)	在园创业人员数量(万人)
2012年	260	1.7	4
2013年	280	2	5
2014年	305	2.2	6.3
2015年	321	2.4	6.7
2016年	347	2.7	7.9
2017年	351	2.3	8.6

回国创业的高层次人才规模持续扩大。截至2017年年底,"千人计划"分十三批共引进7033名海外高层次人才回国创新创业,其中,创业人才847名,第十三批引进创业人才47名。2017年1年中,人力资源和社会保障部部署实施留学人员回国创业启动支持计划、高层次留学人才回国资助、海外赤子为国服务行动计划等人才项目,共遴选172个项目或个人,资助金额2837万元。

四、农民工等人员创业活动日益活跃

支持农民工等人员返乡创业政策密集出台。2016年,国务院办公厅印发《关于支持返乡下乡人员创业创新促进农村一二三产业融合发展的意见》(以下简称《意见》),对农民工、中高等院校毕业生、退役士兵、科技人员等返乡下乡人员到农村开展创业创新给予政策支持。2017年,人力资源社会保障部将支持农民工等人员返乡创业作为重点工作任务,列入年度工作安排。原农业部以落实《意见》为抓手,大力实施农村创业创新服务工程,原农业部、国家发展改革委等13个部门组建"农村创业创新工作推进协调机制"。

(一)政策组合更精准、更有操作性

人社部门为农民工返乡创业提供项目开发、开业指导、融资服务、技能培训、跟踪扶持等服务。原农业部依托信息网络平台,为返乡农民工提供政策解读、市场行情等方面信息服务。一些地方建设专门信息系统,为返乡农民工创业人员自动推送创业政策,自主订制创业服务,实现从"给群众端菜"向"让群众点菜"的转变。

(二)强化精准服务提升农民工等人员返乡创业发展能力

各地开办了创业大学、农民夜校等多种培训机构,创新在线培训、农闲培训等新形式;贵州等一些西部省份组织有发展潜力和示范作用的返乡创业者到发达省份、知名高校参加高层次进修培训。2016年,全国共面向有创业意愿的农村转移就业劳动者开展创业培训73万人次,培训合格率达到80%以上,创业成功率达到50%以上。此外,教育部实施了返乡创业与万众创新对接计划、农民工学历与能力提升行动计划等一系列计划,开展农民工继续教育和培训工作,共青团中央实施农村青年创业致富"领头雁"计划、"大学生返乡创业行动"等,帮助返乡创业农民工、大学生、农村青年提升自身能力,实现创富增收。

农村创业人数继续快速增长。国家统计局根据农民工监测调查,测算全国2016年农村本地非农自营(包括注册企业、个体经营和小摊小贩)人员3140.8万人,其中有外出从业经历的占10.6%,约为332.9万人。从人社部2017年4季度对全国2000个村的监测看,返乡农民工中有10.9%选择了创业。原农业部对农村创业创新人员情况进行了抽样调查,发现返乡下乡务农创业占全部农村双创的60%;农村双创除本地自营外,还应包括户籍不在本乡镇的科研人员、企业主、留学归国人员等人员下乡创业。若按注册企业和个体经营占10%测算,相应非农自营人员约占314万人。因此,综合估算农村创业创新人员总数约为740万人。

返乡创业园建设和农民工等人员园区创业成效突出。重庆搭建孵化平台,先后打造市级农民工返乡创业示范园区36个,带动发展各类楼宇产业园、孵化园、夜市一条街、微企村等创业载体近500个,吸纳返乡创业初创企业入驻。河北省打造线上线下、孵化投资相结合的87个省级农民工返乡创业园,为返乡创业者提供开放式综合服务。西藏昌都市、陕西志丹县依托本地特色产业发展积极探索"公司+基地+农户"合作机制,成立专业合作社,扶持农牧民自主创业和农民工返乡创业。与此同时,国家发展改革委同有关部门于2017年确立了第三批135个返乡创业试点地区,加上前两批已入选的206个地区,返乡创业试点地区已达341个。支持试点地区加强创业园区资源整合,发展返乡创业园,为农民工等人员返乡创业提供更好平台。

农村创新创业人员特征明显。根据原农业部有关调查,返乡创业呈现以下特征:一是农村创业创新人员以男性为主。创业者中男性比例为91.4%,女性创业者比例为8.6%。女性创业者占比与年龄有相关性,60后创业者中,有6.2%是女性;70后、80后创业者中,均有9.3%是女性;90后创业者中,有26.7%是女性。二是农村创业创新人员平均年龄44岁。本次调查中,最小的创业者年龄21岁,最大的79岁,平均年龄44.3岁。农村"双创"人员中,70后创业者比例最高,占37.8%;其次是60后,占31.5%;80后创业者占比排在第三,为19.8%。这三个年代的创业者占比总计89.1%,他们正处于年富力强、有丰富的经验和一定资本积累的阶段,愿意到农村发挥更大的作用。此外,7.2%的创业者出生于1960年之前,还有3.7%的创业者是年轻的90后。三是学历多为以大专及以下。从学历结构来看,学历为初中及以下的创业人比例为57.1%,学历为高中、职高或者大专的比例为40.7%,两项合计97.8%。本科及以上学历的返乡下乡人员占比仅为2.2%。本次调查中,硕士学历的创业者仅有1人,出生于1990年,在吉林省从事种植业。学历水平与创业者年龄高度相关,80后、90后农村创业创新人员中,本科及以上学历占比为4.7%,高于70后人员2.8个百分点,高于60后人员3.5个百分点。四是返乡农民工是农村"双创"的主力。从以往经历来看,农村创业创新人员中,返乡农民工占比最高,为69.5%。其他人员占比19.8%。农村"双创"人员中,返乡中高等院校毕业生和返乡退役士兵是两股重要力量,分别占4.9%和4.7%。下乡科技人员及留学归国人员占比还较少,分别为0.9%和0.2%。五是多人联合创业较为普遍。调查结果显示,89.3%的农村"双创"经营主体是多人联合创业,2人联合创业的最多,占42.5%,3人联合创业的占18.1%,4人联合创业的占5.9%,5人及以上联合创业的占23.2%。六是经营内容以种养殖为主。由于农村双创多为混业经营,创业主要经营项目为多项选择。调查结果显示,返乡下乡务农创业的占60.0%,其中从事种植业的有35.9%,从事养殖业的有31.4%,种养兼营的占7.3%。此外,农产品加工业、电商、休闲农业、农机服务、植保服务等产业也是农村"双创"的重要经营方向,分别占7.0%、4.5%、3.6%、2.8%和1.2%。还有三分之一的受访创业者从事工业、批发零售业、居民服务业等其他创业项目。七是过半数创业者接受过培训。受访创业者中,有51.5%接受过创业培训,未参加过培训的占48.5%。分年龄层看,55.6%的90后创业者接受过培训,比例最高;38.9%的60前创业者接受过培训,比例最低。分经营内容看,休闲农业创业者的培训率最高,达到84.0%;农村电商、农机服务的培训率均在69.5%左右;植保服务、农产品加工业、种植业的培训率分别为60.0%、59.6%和58.3%,养殖业培训率只有47.9%。八是农村"双创"促进乡村劳动力就业。每个农村创业创新经营主体,可吸纳7.6个农村劳动力长期就业,包括3.66位创业人和3.95位长期员工;此外,还能吸纳12.2个短期员工就业。75%的经营主体雇佣人数在11人以下。分经营内容看,养殖业、农产品加工业和农机服务的长期工人较多,种植业、休闲农业的短期工人较多。

农村创新创业存在一些地区特点。东部地区农产品加工业、农村电商创业项目的比例较高,分别为10.5%、7.3%,显著高于其他地区;但东部地区女性创业比例最低,仅有1.6%,低于平均水平7个百分点。中部地区农产创业创新人员中返乡农民工占比82.1%,高出平均水平12.6个百分点;此外,中部地区非农创业的比例最高,为49.4%。西部地区以种植、养殖为创业项目的比例较高,分别为39.4%和40.3%,并且种养兼营的比例高达17.8%,比平均水平高出10.5个百分点;西部地区接受过创业培训的比例达到61.0%,高出东部地区22.4个百分点。东北地区的农村创业创新中,种植项目占比最高,达到49.5%,高出平均水平13.6个百分点;但农村电商的创业不足,仅占2.3%。

农村电商创业快速发展。做电商是农民工等人员返乡创业的重要方式,发展农村电商是中央和地方政府支持农民工等人员返乡创业的重要措施。国家发展改革委依托"完善基础设施支持返乡创业行动",支持试点地区改善交通、网络、物流等基层设施条件,还分别与阿里巴巴、京东签署了发展农村电商和县乡特色产业的合作协议，支持农村电子商务发展。商务部会同有关部门开展电子商务进农村综合示范，推动农村青年电商培育、电商扶贫等工作，累计培育了756个示范县，开展电商培训近500万人次。2017年，全国农村网络零售额达12448.8亿元，同比增长39.1%，全国农村网商数量达985.6万家，农村电商带动就业超过2800万人。人社部针对当前，辽宁、吉林、黑龙江、河北、山西等地区经济下行压力加大，去产能任务重，失业风险有所上升，部分群体就业难度较大的情况，扩大返乡创业试点发展农村电商战略合作协议覆盖范围，推进农村青年电商培育工程，将东北等困难地区就业困难城市纳入其中，发挥电商企业的资金和渠道等资源优势，设立电商帮扶基地，采取"平台+园区+培训"帮扶方式，对接市场需求，整合优势产品，帮助去产能中失业人员、长期停产停工企业职工、高校毕业生开办网店及从事流通行业。

第五章　创新创业成效

2017 年,创新创业在推动发展方式转变、经济结构优化、增长动力转换方面的作用日益凸显,持续助力新兴产业持续发展壮大,加速推动传统产业提质增效,高效带动区域经济转型发展,密切对接城乡居民高质量就业需求,有力支撑经济迈向高质量发展阶段。

第一节　新兴产业持续发展壮大

2017 年,伴随大众创业、万众创新持续深入推进,新业态加速涌现,新产业蓬勃发展,尤其是信息通信领域基础设施加快布局建设、核心技术推进融合应用、国际拓展成效显著,新兴产业持续发展壮大的态势十分明显。

一、高速网络构筑新基础

宽带网络加速向全光网升级。截至 2017 年 6 月,光缆线路总长度达到 3406 万公里,同比增长 23.3%。光纤端口达到 6 亿个,占宽带接入端口总数比重提升至 81%,较 2016 年年末提高 5.4 个百分点。我国地级市基本建成光网城市,实现全光纤网络覆盖,具备百兆以上接入能力光纤用户占比超 80%,渗透率全球最高。截至 6 月底,固定宽带用户达 3.2 亿户,同比增长 15.8%,人口普及率较 2016 年年底继续提高 1.7 个百分点至 23.3%。光纤用户净增 3289.3 万户，累计达 2.6 亿户，占宽带用户总数的 81%，较上年年末提高 3.7 个百分点，超越日本和韩国成为全球光纤宽带用户占比最高的国家。随着网络提速降费、电信普遍服务试点和网络扶贫等工作协同推进，全光网覆盖将从城市进一步向乡镇、行政村延伸，光纤宽带用户将继续稳步增长。

物联网发展取得显著成效。从产业规模来看，2009 年至 2016 年中国物联网产业规模由 1700 亿元跃升至 9300 亿元，年复合增长率超过 25%，机器到机器应用的终端用户数达 2.5 亿。从产业布局来看，已形成环渤海、长三角、泛珠三角以及中西部地区四大区域集聚发展的空间格局，北京、上海、深圳、成都等地物联网产业园区建设蓬勃发展。随着全球物联网发展进入新一轮生态布局的战略机遇期，中国物联网发展也正在经历单点发力向生态体系转变、简单应用向高端应用转变、政府投入向市场主导转变的关键时期。智慧城市成为物联网发展重要驱动力。截至 2017 年年底，中国智慧城市建设数量达到 500 个，为物联网技术提供综合集成应用平台，有力促进规模化应用。

5G 网络进入关键发展培育期。作为通用目的技术，第五代移动通信技术（5G）将全面构筑经济社会数字化转型的关键基础设施，从线上到线下、从消费到生产、从平台到生态，推动我国数字经济发展迈上新台阶。当前，我国正加大统筹推进力度，加快 5G 产业化进程，超前部署网络基础设施，营造产业生态环境，深化各领域融合应用，助力开启万物广泛互联、人机深度交互的新时代。据中国信息通信研究院测算，2030 年，在直接贡献方面 5G 将带动的总产出、经济增加值、就业机会分别为 6.3 万亿元、2.9 万亿元和 800 万个；在间接贡献方面 5G 将带动的总产出、经济增加值、就业机会分别为 10.6 万亿元、3.6 万亿元和 1150 万个。

二、数据驱动壮大新技术

云计算、大数据与实体经济深度融合。云计算与大数据技术紧密结合,不仅云计算可为大数据提供弹性可扩展的基础设施支撑环境以及数据服务的高效模式,大数据也为云计算提供新的商业价值,加快推动二者与实体经济深度融合,拓展各行业的应用。一方面,随着云计算技术的深化以及与应用的结合,越来越多企业和政府加速云端化,推动云计算供应商进行差异化创新,推出垂直化、定制化服务解决方案,逐步涉及政务、金融、教育、医疗等众多领域。另一方面,我国实体经济各行各业的大数据应用逐渐展开,在电信、能源、商贸、农业、食品、文化创意、公共安全等行业领域形成了一批有影响力的大数据应用,行业数据资源的采集、整合、共享和利用能力不断提升。

人工智能行业应用加速落地。以电信、汽车和金融服务为代表的高科技、高数据、高资金行业,先行布局应用计算机视觉、自然语音处理、人机交互等人工智能技术,并以内部核心业务需求为牵引深化技术应用能力,持续扩大影响范围,丰富产品场景应用。如亚马逊收购可自动取货并打包的机器人企业 Kiva,使得出货时间由原来 60 至 75 分钟下降到 15 分钟,营业成本下降 20%;Netflix 基于人工智能算法有效优化搜索模型,为全球 1 亿用户进行个性化推荐;人工智能优化的金融服务欺诈检测系统准确性和速度大幅提升,预计 2020 年市场将达到 30 亿美金。人工智能还将逐步内化为基础能力加速与广告、媒体、医疗、制造等传统领域相融合,催生出多种创新应用场景,衍生出众多新业态。

工业互联网进入大发展时期。作为新一代信息技术与制造业深度融合的产物,工业互联网不仅能为制造业乃至整个实体经济数字化、网络化、智能化升级提供新型网络基础设施支撑,而且催生了网络化协同、个性化定制、服务型制造等新模式新业态,有力促进了传统动能改造升级和新动能培育壮大。当前,工业互联网已进入大发展时代,我国已形成比较健全的工业互联网产业体系,工业互联网应用正由家电、服装、机械等向飞机、石化、钢铁、橡胶、工业物流等更广泛领域普及。经工业互联网产业联盟专家测算,2017年我国工业互联网直接产业规模约为5700亿元,2017年到2019年年均增长约为18%,预计2020年将达到万亿元规模。

三、融合发展开辟新领域

数字内容开辟发展新空间。2017年,我国在线娱乐进入黄金时代,消费者内容付费意识增强,数字内容产业规模已突破5000亿元。**一方面,优质内容不断增多**。阿里、腾讯等大平台以及专业的视频网站积极补贴PGC内容,各类自媒体快速涌现,推动诞生众多优质IP资源。**另一方面,分发效率明显提升**。基于"算法+数据"的个性化推荐逐步发展成熟,"信息流"技术成为内容分发的主流。今日头条通过算法推荐进行内容聚合实现精准推送,实现了资讯分发的千人千面,提升了用户粘性,2017年单用户日均使用时长近90分钟。

零售业加速线上线下融合。零售业进入加速融合发展阶段,越来越多兼具线上与线下属性的融合企业成为新经济形态的引领者,零售业态的界限正变得模糊。**一方面,融合空间全面拓展**。不仅银泰商业、三江购物、百联集团达、永辉超市等百货商场和综合超市与阿里、京东等达成战略合作协议,如京东便利店、淘宝小店等各个细分线下场景均加速向线上融合,开展全业态、全渠道的商业合作。**另一方面,新模式不断探索**。包括阿里的盒马鲜生、永辉的超级物种等均主打"高端超市+食材餐饮"新型大卖场模式;以便利蜂为代表的注重发展会员服务体系,并提供预定自提和送货到家等多种服务的新型便利店模式;还有无人超市、货架等集成智能技术的新尝试。

分享经济规模持续扩张。2017年,我国分享经济市场规模接近4.5万亿元,行业规模保持高速增长态势,包括共享单车、民宿短租等细分领域快速壮大,涌现出一批具有代表性的平台企业,且部分企业已经走在了市场前列,被赞誉为新时期的"中国名片"。以共享单车为例,截至2017年年底,ofo小黄车已连接超1200万辆共享单车,用户规模超过2亿,日订单超3200万,为全球20个国家超250座城市上亿用户提供了超60亿次出行服务。在经济发展和社会影响方面,共享单车不仅优化单车供应链体系,带动制造厂商产能提升,还促进了交通出行的拥堵缓解和节能减排。同时,共享单车也带来并创造出了更多的就业岗位,据《共享单车行业就业研究报告》显示,我国共享单车行业共带动就业超过10万人。

四、创业出海拓展新空间

领军企业大力推进全球化进程。阿里巴巴极力推动菜鸟网络全球化与蚂蚁金服全球化,以支付为入口规模撬动海外商户和用户;腾讯聚焦游戏和社交,在印、韩、日、俄、以色列等国广泛布局;百度地图目前已经覆盖全球103个国家和地区;不同于Uber的全球落地政策,滴滴在全球范围内投资七家主要的本土化共享出行企业,规避政策风险的同时积极海外扩张。针对全球争相抢占的印度市场,中国互联网巨头同步推进业务出海和资本出海,中国应用进入印度免费APP日下载排行榜前10名,超过50%印度本土互联网用户正在使用中国开发者推出的互联网产品和服务。

工具型企业进行差异化国际拓展。凭借中国本土经验优势,面向发展环境类似、设施欠完善的发展中国家新兴市场大举进军布局,许多企业在国内工具的红海时代独辟蹊径,瞄准海外市场用户痛点取得巨大成功。APUS从手机桌面应用出发,聚焦比中国市场落后

2—5年、终端性能普遍欠佳的发展中国家新兴市场,大幅改善用户体验,全球用户早已超过10亿。手机内容传输工具茄子快传,在30多个国家的GooglePlay应用市场工具类榜单排名中长期居于榜首,其确保在高负载情况下也能正常运行的旁路功能,对信息基础设施提出更高需求,利用点对点的方式进一步高效的分享数据,全球用户规模已近10亿。猎豹浏览器在全球诸多区域长期位居浏览器工作类应用榜首,更基于中国本土视频直播领先优势,在美国推出社交直播应用Live.me,发布三个月即在AppStore及GooglePlay双平台均占据领先位置。

内容型企业加速开启国际化步伐。以新闻、社交和游戏为代表的内容类产品具有更强的用户粘性和变现能力。其中,出海资讯平台以新闻聚合类为主,基于个性化推荐的"头条"模式的资讯平台在海外显著地提升了用户活跃度。社交类产品的出海集中在短视频和直播应用,相对于微信、Facebook等侧重熟人社交的应用,短视频和直播应用的社交属性更弱,娱乐属性更强,基于陌生人的社交应用更易在海外打破文化壁垒,成功渗透到欧美等成熟市场。例如海外版的"探探"Tinder于2017年9月份登上美国iOS畅销榜第四名,甚至超越了多款游戏应用。

第二节　创新创业推动传统产业转型升级

2017年,在国家推进创新创业政策的强力支持下,我国制造业创新创业如火如荼,开放创新平台、协同创新平台、虚拟孵化器、众创空间等各类"双创"平台进一步涌现。一些大型制造企业在"双创"平台建设过程中不断探索新的商业模式、组织方式和管理机制,极大释放了企业内部创新活力。

一、提高动力和能力,促进传统产业升级

"双创"是经济活力之源,也是转型升级之道。伴随大众创业、万众创新持续向纵深推进,极大程度推动了产品质量升级、产业技术进步、产业结构升级,提升了产业附加值。创新创业在促进传统产业升级方面,主要呈现如下特点:

第一,大量创业主体产生,倒逼传统产业转型升级,促使传统产业更加重视技术改造和创新。尤其是加快实施以信息化、自动化、智能化、供应链管理为重点的技术改造,强化以核心基础零部件、关键基础材料、先进基础工艺、产业技术基础为内容的建设,更加注重利用新技术、新工艺、新装备和网络技术实现机器换人、流程创新、产品创新和模式转变,推动传统产业充分利用生产性服务,塑造产业增长新优势,打造传统产业可持续竞争力。

第二,"双创"与产业升级融合发展的趋势日益凸显,领域更加聚焦。新技术、新产业、新模式、新业态不断涌现,成为激发实体经济新动能的重要引擎,带动和促进传统产业转型升级,不断增强经济发展的活力和后劲。技术型创业受到越来越多的关注,共享经济、开源创客等新动能领域成为推动传统产业升级的风向标。

第三,技术要素不断融合,技术创新和用户需求成为"双创"的双向牵引力,资本、人才、数据等各类创新要素不断融合,促进传统产业领域企业生产经营方式加快转型。例如,以"区块链技术""人工智能"为代表的新技术,不断与传统产业融合,城乡居民日益增长的物质文化需要,不断推动工业生产智能化升级,催生医疗、交通等服务领域大量新模式,带动传统产业转型升级。

二、推进高端、绿色制造可持续转型

制造业是实施"双创"的主战场,深化制造业"双创"是推动高

端、绿色制造可持续转型的重要抓手,是激发制造业创新活力、发展潜力、转型动力的重要举措,是促进制造业提质增效升级的重要选择。"双创"平台的建设,得益于其灵活的组织架构以及多元主体的共同参与,有助于企业发现新的生产机会,实现制造范式转型升级。一些领先的大型制造企业、基础电信和互联网企业凭借各自基础和优势,成为"双创"的主要践行者,有力地带动着全产业链高端装备和绿色制造的转型升级。推进"双创"平台建设,促进高端、绿色制造可持续转型过程主要体现在:

第一,大型制造企业通过建设平台推进"双创"。主要包括三种类型:一是协同创新型。例如,中国航天科工集团、中国商飞等制造企业通过搭建航天云网等网络化协同创新平台,推动制造资源、生产能力的集成整合、在线分享和优化配置,实现多地区、多用户、多任务并行协同,推动企业资源优化的边界从内部走向全产业链,企业间合作方式从业务协作走向产品、要素、能力交易,有效促进跨企业业务系统的互联、互通、互操作,带动产品、模式和业态创新。二是管理变革型。例如,荣事达、韩都衣舍等制造企业面向动态多样的消费需求,通过搭建开放型创新平台,打造网络化、扁平化、平台化的管理新模式,推动企业从管控型组织向创业孵化平台转变。三是产业链整合型。例如,海尔、三一重工等制造企业以"线下实体空间+线下孵化平台+双创服务"为发展主线,推动产学研"双创"资源的深度整合和开放共享,促进形成资源富集、创新活跃、高效协同的产业创新生态。

第二,基础电信企业、互联网企业积极构建"双创"服务生态。主要包括两种类型:一是要素配置服务型。例如,三大电信运营商等基础电信企业,通过产业孵化服务平台,集聚整合大型企业、产业链上下游企业、智库机构、金融资本、孵化管理、创业培训等优质资源,为"双创"提供精准的要素配置服务。二是共性技术共享性。例如,数码大方、索为云网等互联网企业基于自身制造技术和知识优势,发展面向制造企业的"双创"服务平台及解决方案,提供软件按需取用、在线协同合作、技术资源交易和专业知识自动化等共享服务,促进实施数据的自动流动和隐性知识的显性化,推动新型制造模式发展。

三、推动大规模技术改造和智能化升级

创新创业推动企业实施数字化、网络化、智能化为特征的技术改造,能够有效提高生产效率和质量、优化资源配置、降低资源消耗、降低人力资源成本,对于增加效益、提升产品竞争力具有重要意义。2017 年,在创新创业带动下,我国完善技改升级政策措施,传统产业改造升级步伐加快,企业产业技术水平和先进产能比重不断提高。2016 年技改投资占工业投资的比重为 40.6%,2017 年技术改造投资占全部工业投资比重达到 45.5%。以广东为例,2017 年工业投资 1.2 万亿元,增长 10% 左右;工业技术改造投资 4900 亿元,增长 27% 左右;完成技术改造三年行动计划,共推动超过 2 万家规上工业企业开展技术改造,累计完成工业技改投资 1.15 万亿元。

创新创业推动传统制造业技术改造智能升级,针对传统制造业关键工序自动化、数字化改造需求,以创新为抓手,推广应用数字化技术、系统集成技术、智能制造装备,提高设计、制造、工艺、管理水平,努力提升发展层次,传统制造业迈向中高端。广东、江苏、浙江等省份创新支持方式,加大引导力度,拉动投资、促进升级效果显著。各地大力推进以"机器换人"、工厂物联网、"企业上云"等智能升级为主要形式的技术改造,这些以数字化、网络化、智能化为主要特征的技术改造有效地推动了各地制造业转型,推动了广大企业的优化升级。江苏、浙江和广东扎实推进技术改造智能升级工程,在提高企

业劳动生产率、增强产品质量水平、缓解招工难问题、推动传统产业转型升级,优化工业投资结构等方面取得了丰富成果,走出了制造业优化升级的成功之路,为在全国范围内推进技术改造智能升级工程树立了可借鉴可推广的榜样。

四、提升质量认识,积极培育品牌

品牌是知识产权、公共信任、市场效益和科技实力的综合体,同时也是产品市场竞争力和区域经济实力的重要标志。加快发展商标品牌经济,把商标品牌战略融入到实施创新驱动发展战略,不断提升商标品牌在实施创新驱动发展中的引领和推动作用,提升国家综合实力和竞争力,是我国经济在新常态下的必然选择。习近平总书记提出,要由中国制造向中国品牌转变。大众创业、万众创新对于提升企业以质取胜、自主创新的品牌发展之路,充分发挥品牌促进经济发展方式转变和产业优化升级具有十分重要的作用。创新创业有利于企业创立品牌和保护品牌的意识的提升,促使其充分认识加强品牌培育的重要意义,是提升品牌质量的有效抓手,有利于促进企业切实把品牌培育放在更加突出的位置,努力培育一批独具特色的品牌企业和品牌产品,加快传统产业转型升级步伐,推动制造业向"智能时代"迈进。

近年来,各地区以特色优势产业的技术创新为突破口,深入开展和高校合作,增强科技创新和自主研发的整体实力,积极推进品牌培育,大力开展产品认证,促进品牌经济健康发展。培育了一批如海尔集团、阿里巴巴等国家级和市级地理标志产品、著名商标、名牌产品和知名品牌。海尔集团是全国首批国家级"双创"企业示范基地中唯一的家电企业。为推动企业业务转型和国家创新创业战略有机融合,海尔从战略、组织、机制、模式等多个维度着手,力图搭建一个开放的可复制可推广的"双创"平台,打造全球领先的"互联互通新生态,共创共赢新平台",使示范基地发展成为全球引领、全流程支持创业者创业的国家"双创"示范基地标杆。阿里巴巴建设"双创"示范基地的总体思路是实施"科技与商业双生态驱动"发展。一方面,通过打造一个开放、透明、协同的商业基础设施平台,为创新创业者赋能;另一方面,依靠云计算大数据等技术平台打造一个以"科技企业孵化"为主的科创服务平台。同时,通过将电子商务与物流、互联网金融、大数据云计算、跨境贸易、数字娱乐、健康等业务平台打通,共同组成一个多模式的创新创业服务生态体系。同时,阿里巴巴持续在"双创"保障制度上开展研究,不断探索、总结出一套线上线下相结合、符合"双创"发展规律的保障制度。

第三节 创新创业助力区域经济转型发展

大众创业、万众创新蓬勃兴起并向纵深推进,有全球影响力的科创中心、创新型城市建设梯次布局,新技术、新业态、新模式、新产业持续涌现,汇聚形成了一批区域产业创新集群,推动构建起一批区域创新发展高地,在凝练区域经济新内涵、培育区域发展新动能、拓展区域发展新空间、营造区域发展新格局等方面持续发挥驱动作用。

一、服务区域实体经济高质量发展

创新创业向更大范围、更高层次、更深程度发展,带动区域经济规模持续扩大,结构不断优化。例如,陕西省积极发展分享经济、信息经济、消费经济等新业态,2017 年新建众创空间 110 家、孵化器 60 家,新增市场主体 55.19 万户,注册资本增长 71.1%。新模式新业态有力支撑区域经济转型发展,2017 年陕西省 GDP 达到 21898.81 亿元,同比增长8%,以采掘为主的能源型经济结构正在向能源精深加工、非能产业多元支撑转型,能源工业占规模以上工业比重下降11.8个百分点,全省经济正在步入高质量发展轨道。重庆两江新区稳步推进"双创"载体建设,加快集聚创新创业主体,不断优化创新创业制度环境,带动重庆市新动能加速发展壮大,2017年,重庆市GDP达到1.95万亿元,同比增长9.3%,三次产业结构从2012年的8.2∶52.5∶39.3调整为2017年的6.9∶44.1∶49.0;形成汽车、电子信息等千亿级产业集群,战略性新兴制造业对工业增长贡献率达到37.5%;生产性服务业加快发展,金融业增加值占比提高到9.3%,跨境结算、服务外包等新兴服务业蓬勃发展,服务贸易额年均增长20%以上。

新业态、新模式、新产业推动下,创新发展、绿色发展、集约发展、智慧发展已经成为区域实体经济发展的重要内涵。例如,北京海淀区以创新生态建设为重心,实现"双创"引领经济高端发展,2017年1—11月,海淀区规模以上工业企业累计实现工业产值1771.0亿元,同比增长15.4%,其中,计算机、通信和其他电子设备制造业累计实现产值1029.8亿元,同比增长29.0%;重点服务业企业实现收入9276.3亿元,同比增长12.2%,其中信息传输、软件和信息技术服务业企业实现收入4692.9亿元,同比增长13.6%。上海以"发展新经济、培育新动能"为导向,依靠创新创业带动区域经济运行质量不断提升,2017年1—11月,杨浦区智力密集型现代服务业增加值307.42亿元,同比增长15.1%;智力密集型现代服务业占第三产业比重达到41.2%,比2016年底提高1.2个百分点;高新技术和战略性新兴产业增加值80.68亿元,同比增长16.9%。在推动经济创新发展的同时,创新创业带来经济社会的绿色发展,中国宝武"双创"示范基地充分发挥创新创业在培育和发展与城市协同等相关产业的积极作用,通过"互联网+钢铁"新业态重构钢铁服务生态圈,大幅提升危废处理能力,2017 年共处理物料 11619 吨,其中含油污泥 8419 吨,危废 3200 吨,有力促进上海市的绿色发展、集约发展。

二、引领带动区域产业高水平集聚

创新创业催生拓展新业态和新增长点,催生一大批创新型产业集群。互联网创业、平台创业、内容创业、技术创业蓬勃发展,新动能不断涌现并持续壮大,在大数据、互联网、电子信息、新能源、新材料、高端装备、生命健康等领域,发展形成一大批要素集聚、高效联结、开放合作、互惠共赢的创新型产业集群。2016 年,国家 70 个创新型产业集群,共集聚大中小微企业 13929 家,吸纳从业人员 336.9 万人,其中大专以上学历人员占比 54.8%,实现营业收入 4 万亿元,净利润2924.3 亿元,上缴税费 2417.1 亿元,产值利税率从 2014 年的 14.9%增加到 2016 年的 15.8%。(表 5-1)

表 5-1 创新型产业集群发展情况

年份	统计集群数(个)	集群内企业数(个)	营业收入(亿元)	工业总产值(亿元)	净利润(亿元)	上缴税额(亿元)	出口创汇(亿美元)	年末从业人员(万人)
2014	71	12757	34546.8	31517.5	2902.1	1785.3	1432.8	296
2015	71	13322	37382.2	32457.6	2726.3	2245.8	1188.5	289.7
2016	70	13929	40429.9	33835.1	2924.3	2417.1	992.7	336.9

资料来源:2017 中国火炬统计年鉴。

创新创业百花齐放,创业小镇、创业生态等新模式不断涌现,带动区域产业高端集聚、特色发展。杭州依托未来科技城建设创新创业的梦想小镇,强调"双镇融合、资智融合",着力打造以电子商务、软件设计、信息服务、集成电路、大数据、云计算、网络安全和动漫设计为核心的创业项目,智慧经济、文化创意产业等高技术内涵、高附加值的产业已经形成集聚效应,2017 年智慧经济实现增加值 3216 亿元,同比增长 21.8%,文化创意产业实现增加值 3041 亿元,同比增长 19.0%,带动高新技术企业和战略新兴产业同比增长 13.3%和 15.1%①。贵州积极打造互为促进、协同发展的大数据创新创业生态,当前已经形成以大数据"核心产业—关联产业—衍生产业"三级集聚发展模式,吸引中国电信、中国移动、中国联通三大电信运营商在贵州建成国家级行业级数据中心,苹果、高通、微软、IBM 等跨国公司将数据中心落户贵州,货车帮、白山云等本土企业茁壮成长,智能终端、集成电路、电子商务、互联网金融、服务外包等大数据关联业态以及智慧农业、智能制造、智慧旅游等大数据衍生业态蓬勃发展。常州依托武进"双创"示范基地,探索形成以"创新+资本"为主要特征的创新创业新苏南模式,数码大方、航天云网、佰腾科技专利云平台等"互联网+"新业态不断涌现,石墨烯、智能装备、轨道交通、绿色建筑等特色新兴工业产业集聚壮大,2017 年常州新能源汽车及汽车核心零部件、新材料、智能制造装备产业链产值均增长 20%左右,高新技术产业产值占规模以上工业比重达 45%左右,服务业增加值占地区生产总值比重达 51%左右。

三、培育形成若干创新创业新高地

京津冀、**长三角**、**粤港澳大湾区**等创新创业高地表现突出。从创业来看,创业风险投资机构和资金主要集中在北京、上海、深圳、浙江等区域,2017 年上述四个省份早期投资资金和创业投资资金数量分别达到 109.5 亿元和 1464.0 亿元,占全国总量比例分别高达 74.3%和 72.3%;同年,北京、上海、深圳、浙江等地区创业投资案例数量分别为 1393 个、785 个、554 个和 454 个,远高于其他省

---

① 数据来源:杭州统计信息网,http://tjj.hangzhou.gov.cn

份。从创新能力来看,2017 年广东、江苏、北京、上海、浙江的创新能力综合指数分别为 55.24、53.30、52.56、44.81 和 37.66,排名稳居全国前五位。

安徽、河南、湖北、湖南、四川、重庆等中西部省份正在崛起形成新一轮创新创业新高地。 从新登记企业来看,2017 年河南、四川、安徽、湖北等中西部地区新登记企业数量分别为 29.87 万户、25.96 万户、23.15 万户和 21.29 万户,超过北京、天津等东部发达地区。从创新能力来看,2017 年,重庆、湖北和安徽创新能力大幅提升,创新能力综合指数排名居全国前十位,四川、湖南等省份创新能力综合指数居全国第 11 和 12 位,与 2015 年相比,排名也有较大幅度提升。

四、助力打造区域协调发展新格局

创新创业带动区域创新发展差距不断缩小,区域发展整体性和协同性不断加强,各具特色、协调发展的创新创业新格局正在形成。 一是湖北、重庆、陕西、四川等中西部地区科技创新水平快速提升,2016—2017 年综合科技创新水平排名居第 7、第 8、第 9 和第 11 位;其他中西部地区创新发展步伐加快,我国已形成科技创新中心、技术创新和高技术产业集聚区、特色产业创新发展区、中西部科技创新密集区为核心的区域协调发展新格局。二是全社会固定资产投资的区域差距不断缩小,中西部地区和东北地区全社会固定资产投资快速增长,占全社会固定资产投资的比重从 2005 年的 49.4%上升到 2017 年的 57.6%,东部地区占比则有一定程度的下降(图 5-1)。三是创新创业带动中西部地区新兴产业发展步伐加速,中部地区已经成为战略性新兴产业新增长极,2017 年上半年,中部地区战略性新兴产业上市公司营业收入增速高达 37.2%,远高于东部地区 19.0%的增速。西部和东北地区战略性新兴产业发展有所回升,

西部和东北地区景气指数分别为 141.8 和 142.9,同比上升 14.0
和 16.9。

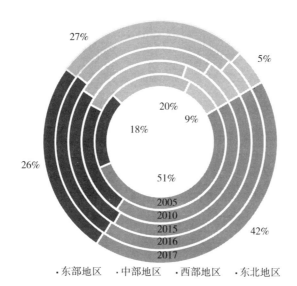

图 5-1　全社会固定资产投资区域分布(2005—2017 年)

第四节　创新创业推动高质量就业

伴随创新创业持续向纵深推进,大量新技术、新商业模式、新产
业交替更迭演进,各类创业主体意愿高涨,在带动就业规模增长的同
时,对优化就业结构、提高就业质量的作用与日俱增。

一、新兴产业发展促进就业质量显著提升

(一)新兴产业带动就业人数快速增长

"十三五"规划发布以来,以新一代信息技术、节能环保、生物、
高端装备制造、新能源、新材料和新能源汽车产业为代表的战略性新
兴产业均实现快速发展,成为推动创新创业的关键领域,为中国经济
保持中高速增长提供了重要支撑,极大地带动了就业的增长与就业

质量的提升。中国社会科学院数量经济与技术经济研究所课题组基于 1320 家战略性新兴产业相关的企业样本数据,分析了 2015—2016 年七大核心新兴产业的就业增长情况,以及新兴产业对就业带动的效应。结果显示:2015 年 1320 家企业总就业人数约为 163.8 万,2016 年总就业人数约为 187.3 万,就业增速约为 14.3%。见表 5-2。

从区域特征来看,战略性新兴产业就业的地域集中度较高,仅广东、北京、浙江、江苏四省市的吸纳占比就超过一半以上,前五名省份占比约 60%,前十名省份占比则达到 80%。此外,战略性新兴产业在东部沿海省市集聚的特征非常鲜明,吸纳就业主要贡献来自广东、北京、浙江、江苏、山东等东部沿海省市。中部的河南、湖北、安徽,西部的四川和重庆在战新就业吸纳方面也有较好的表现,上述省市的样本企业就业吸纳排名稳定在前十。

从就业增速来看,就业吸纳的"马太效应"较为突出。广东、北京、浙江、江苏、山东 5 个省市 2015—2017 年的就业平均增速都非常高,而增速排名靠后的省份中以宁夏、内蒙古、黑龙江、吉林等西部及东北省份居多。

从产业布局来看,战略性新兴产业的企业数量与就业人数分布并非正比关系,见图 5-2。新一代信息技术领域企业数占比高达 43%,而就业比例仅有 16.5%。高端制造、新能源、新材料领域的企业数量占比都在 10% 以下,但是就业吸纳比例更高。如果比较绝对量,新一代信息技术领域的就业人数最多,且过去三年就业规模增长迅速。其中,分享经济作为新一代信息技术领域的一种新业态,在推动创新创业和就业增长方面做出了重要贡献,带动大量下岗失业人员、去产能行业职工、复员转业军人、零就业家庭等群体实现就业。与过去几年相比,分享经济就业群体展现出更高的专业技能和服务技能,就业质量显著提升。

表5-2 2015—2016年全国战略性新兴产业就业吸纳及增速基本情况

省 份	2015 年		2016 年		2015—2016 年就业增速	
	就业人数（人）	排名	就业人数（人）	排名	同比增长	增速排名
广 东	299486	1	330674	2	10.41%	-10
北 京	227013	2	337875	1	48.84%	2
浙 江	160053	3	174364	3	8.94%	13
江 苏	140719	4	151848	4	7.91%	15
山 东	106649	5	115717	5	8.50%	14
安 徽	89757	6	96121	6	7.09%	18
重 庆	78258	7	84184	7	7.57%	16
上 海	75898	8	82689	8	8.95%	12
河 南	67385	9	73657	9	9.31%	11
四 川	55592	10	52012	11	-6.44%	28
湖 北	39479	11	56957	10	44.27%	3
福 建	38641	12	44052	12	14.00%	9
辽 宁	37991	13	39291	14	3.42%	21
江 西	35989	14	42831	13	19.01%	7
河 北	34701	15	33488	15	-3.50%	26
山 西	25792	16	26248	16	1.77%	22
黑龙江	25486	17	24671	17	-3.20%	25
新 疆	20259	18	21208	18	4.68%	20
甘 肃	16665	19	16545	19	-0.72%	23
陕 西	15163	20	16252	20	7.18%	17
湖 南	13961	21	16224	21	16.21%	8
吉 林	7950	22	7852	23	-1.23%	24
天 津	7233	23	9244	22	27.80%	5
内蒙古	6344	24	6006	24	-5.33%	27
贵 州	4457	25	4712	25	5.72%	19
广 西	3397	26	4407	26	29.73%	4

省　份	2015 年		2016 年		2015—2016 年就业增速	
	就业人数（人）	排名	就业人数（人）	排名	同比增长	增速排名
宁　夏	2420	27	1931	27	−20.21%	29
海　南	1097	28	1356	28	23.61%	6
云　南	236	29	585	29	147.88%	1
合　计	1873001		1638071		14.3%	

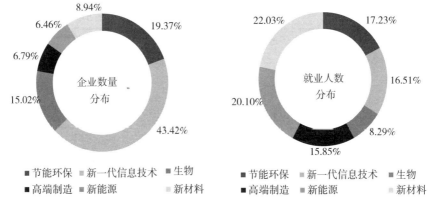

图 5-2　六大战略性新兴产业领域的企业数量与就业人数分布

（二）新兴产业推动就业结构调整

根据样本企业提供的 2015 年就业人员学历信息,可以看到,专科以上学历在整体就业人员中的占比接近一半,本科以上学历占整体就业人数的比例为 25.15%。见表 5-3。新兴产业的发展对较高学历人员就业有着非常显著的带动作用,促进了就业结构的优化。特别是在就业人数多的地区,高学历人员具有比就业人员整体更高的集中度。硕士以上学历就业人员中,有 60% 集中在排名前五的省市,而排名第一的北京更是汇聚了 34% 的硕士及以上的高学历人员。

表 5-3 2015 年战新样本企业就业分布及学历构成情况

省　份	整体就业情况		不同学历结构就业占比（%）				
	排名	人数（人）	博士	硕士	本科	专科	其他
广　东	1	299486	0.03%	1.04%	15.19%	32.01%	67.99%
北　京	2	227013	0.30%	8.11%	52.88%	86.09%	13.91%
浙　江	3	160053	0.05%	1.94%	19.31%	43.26%	56.74%
江　苏	4	140719	0.04%	1.92%	17.86%	41.39%	58.61%
山　东	5	106649	0.04%	3.49%	19.84%	42.18%	57.82%
安　徽	6	89757	0.02%	1.01%	10.96%	32.10%	67.90%
重　庆	7	78258	0.26%	3.27%	28.25%	69.61%	30.39%
上　海	8	75898	0.06%	4.96%	35.87%	57.51%	42.49%
河　南	9	67385	0.01%	2.63%	23.55%	46.73%	53.27%
四　川	10	55592	0.12%	3.98%	25.03%	45.16%	54.84%
湖　北	11	39479	0.29%	3.55%	14.57%	51.08%	48.92%
福　建	12	38641	0.02%	1.68%	20.70%	38.32%	61.68%
辽　宁	13	37991	0.01%	9.26%	51.41%	76.73%	23.27%
江　西	14	35989	0.01%	3.64%	24.43%	41.68%	58.32%
河　北	15	34701	0.02%	1.57%	17.43%	34.36%	65.64%
山　西	16	25792	0.00	2.27%	15.37%	35.81%	64.19%
黑龙江	17	25486	0.28%	4.77%	22.60%	43.27%	56.73%
新　疆	18	20259	0.04%	4.96%	24.82%	49.33%	50.67%
甘　肃	19	16665	0.00	1.52%	18.54%	31.55%	68.45%
陕　西	20	15163	0.04%	3.86%	21.80%	66.29%	33.71%
湖　南	21	13961	0.18%	2.31%	16.46%	39.34%	60.66%
吉　林	22	7950	0.04%	1.85%	38.21%	59.81%	40.19%
天　津	23	7233	0.28%	5.32%	38.05%	95.15%	4.85%
内蒙古	24	6344	0.02%	2.38%	16.42%	42.28%	57.72%
贵　州	25	4457	0.11%	0.76%	17.93%	41.42%	58.58%
广　西	26	3397	0.03%	4.24%	22.70%	42.45%	57.55%
宁　夏	27	2420	0.00	0.17%	7.48%	24.79%	75.21%
海　南	28	1097	0.00	0.09%	8.11%	24.16%	75.84%
云　南	29	236	3.39%	8.05%	32.63%	41.53%	58.47%
合　计	—	1638071	0.10%	3.33%	25.15%	49.32%	50.68

二、高校创业生态推动大学生提升就业质量

（一）创新创业教育更加贴近大学生就业需求

随着大众创业、万众创新的深入推进，各地高校把创新创业教育提升到学校发展战略的高度，推动高等教育改革，把创新创业教育纳入人才培养体系，从硬件、软件、人员多方面入手，全面提高创新创业教育，培养学生的创业精神和企业家精神，初步构建了以高校为核心，政府、企业、资本、社区等多元主体参与的生态系统。2017年高校创新创业教育最为显著的亮点是，对大学生的实际需求和社会需求有了更深入的认识，不仅提供创新力和创业相关培训课程，还更加关注科研成果转化和商用对接，给大学生提供机会参加创业实践训练，逐渐形成更具针对性、更加高效的创业人才培养和服务模式，为大学生创业提供更好的孵化基础，促进大学生群体创业带动就业在"质"和"量"方面双提升。

（二）大学生就业领域和地域得到进一步拓展

不断完善的高校创业生态激发了大学生的创业意愿，带动大学生更加关注对数字技能的学习，更加积极主动地学习创业知识，参加创业培训。从年龄上看，大学生创业呈现低龄化趋势。从就业领域上看，大学生对创新创业行业的选择更加宽泛，从相对熟悉的校园服务，拓展到高科技、电商微商、实体店经营等领域，就业领域也更加多元化。从就业地域来看，中西部创业的吸引力增强，大学生在二线和三线城市的就业机会增加。2017年，中部和西部创业人数增幅分别达到86.7%和109.7%，超过创业活跃的东部地区，为中西部的创新创业生态注入新的活力，也为大学生提供更多就业机会。

三、海归创业带动中西部和高端产业就业

海归的创业能力在各类创业群体中处于"领头羊"地位。据全

球化智库《2017 中国海归就业创业调查报告》显示,在创业的行业选择上,海归们偏好创新技术和现代服务业领域,其中有近五分之一的创业者集中在信息科技、通信、电子、互联网领域。留学人员回国服务工作部际联席会议数据显示,2016 年留学回国人员为 43.25 万人,比上一年增长 2.34 万人,截至 2017 年年底,我国留学回国人员总数达 313.2 万人,其中 2017 年回国 48.09 万人。2017 年,我国对留学归国创业人员给予了更大的支持力度,成都、武汉等中西部城市对留学归国创业人员的吸引力逐渐提高,越来越多的留学归国人员从一线城市转向二线城市,从信息科技和互联网领域深入到智能制造、工业互联网、人工智能等诸多科技前沿领域,极大地带动了科技前沿领域的创新突破和就业增长。

四、返乡创业带动就业能力日益增强

（一）良好的农村创新创业环境带来更多就业机会

为深入推进农村地区大众创业万众创新,各级政府针对返乡创业者提供市场准入、财政税收、金融服务、用地用电、创业培训、社会保障等全方位的优惠扶持政策,返乡创业的环境得到进一步优化各地大力建设和发展返乡创业园和返乡创业扶持组织,为返乡创业者提供了积极引导,促使各项奖补政策及时落实。许多地区建立起农民工返乡就业创业信息平台,实时跟踪返乡创业者就业情况、项目发展状态以及创业需求,为返乡创业者提供更好的就业和创业保障。

（二）返乡创业推动农村就业结构优化

返乡创业是大众创业、万众创新政策扶持的重点,越来越多的人萌生返乡创业的愿望。根据人社部的统计数据,2017 年返乡创业群体已经超过 780 万人,其中,第 4 季度农民工选择创业的占比接近 11%。返乡创业内容和项目更加丰富与多样化,从农业产业逐渐转向"一二三产融合"。更多的返乡人员将创业项目与本地优势相结

合,涌现出一批融合农业与文化创意产业的创业项目,创业的形式和质量有了很大提高。例如,湖南、贵州、云南等地,大量返乡创业人员选择开展生态旅游和现代农业相关的创业项目,实现脱贫致富的同时推动了当地优势产业的发展,并且给当地带来了大量的就业机会。

(三)返乡创业促进农村就业模式多样化

返乡创业人员来自方方面面,既有农村户籍的当地能人、农民工、高校毕业生和退役士兵,也有城镇户籍的科技人员。过去农村都是以农业、手工业为主,农民工返乡人员为农村发展带来许多新思想、新模式以及专业技术,促进了传统农业与旅游、生态、文化和互联网产业的融合发展,形成了诸多特色工业和新兴产业,推动了农村就业模式的多样化和就业质量的提高。例如,湖南、湖北、贵州等地农村地区,农民工返乡创业催生了数千家民营小微企业和农业新经营主体,很多以本地农业优势为基础,借助在外学习的经验和了解的市场需求,面向市场开发新产品,创造形式多样的新岗位,推动乡村产业兴旺。

第六章　典型案例与经验

2017 年,区域、高校和科研院所、企业等"双创"示范基地强化实施创新驱动发展战略,进一步推进大众创业、万众创新深入发展,先行先试破除创新创业"痛点"和"堵点",探索形成了大量可复制可推广的宝贵经验,成为各地培育壮大经济发展新动能、推动高质量发展的重要力量,在更大范围、更高层次、更深程度上促进了大众创业、万众创新上水平。为此,精选了 2017 年国家发展改革委上报的 18 个"双创"示范典型案例,供学习借鉴。

第一节　区域示范

北京市:
先行先试创新创业理念持续释放创新创业活力

北京市把握首都城市战略定位,加快实施创新驱动发展战略,大力推进简政放权、放管结合、优化服务,促进"双创"生态从出租型、草根型、线下服务为主的初级模式,加速向建设专业平台、提供细分领域技术服务、推动"双创"成果产业化的高级模式转型,实现了"双创"业态的迭代演进。

一、完善政策体系，强化顶层设计

围绕创业培育、成果转化、人才引进、就业促进等关键环节，北京市出台《关于大力推进大众创业万众创新的实施意见》《加快推进高等学校科技成果转化和科技协同创新若干意见（试行）》（京校十条）、《加快推进科研机构科技成果转化和产业化的若干意见（试行）》（京科九条）、《"创业中国"中关村引领工作（2015—2020年）》《北京地区大学生创业引领计划实施方案》《关于进一步做好新形势下就业创业工作的实施意见》等一系列政策文件，较好地构建了"双创"政策体系。

二、转变政府职能，加快释放制度改革红利

深入推进政策试点工作。充分发挥中关村国家自主创新示范区先行先试政策优势，深入推进"1+6""新四条""新新四条"等政策试点工作，在三权改革、科研经费管理改革、股权激励机制改革等方面开展了一系列探索。

与国家部委联动推动政策改革。在商事制度、开放合作、金融创新等方面，北京市与国家有关部门共同推动开展了30余项改革举措。在公安部、原国家工商总局、食品药品监督管理总局等部门的支持下，实施了支持创新发展的20条出入境管理、19条工商行政管理、12条食品药品监督管理政策措施。

三、创新政府资金支持模式，积极参与创投计划

发挥政府资金的引导放大作用。中关村与国内知名投资机构共同发起组建了69支基金，政府引导资金出资达15亿元，基金总规模接近355亿元，引导资金放大了23倍。

支持各类创投基金发展。以创新工场、普天德胜为代表的39家

北京市创新性孵化器设立了总额达 180 亿元的创投基金,已投资项目 634 个,投资总额达 26 亿元。

鼓励创业创新主体利用多层次资本市场融资。目前,中关村在新三板挂牌占全国的七分之一,已经形成了"中关村"板块。

四、加快聚集高端创业创新要素,打造创业服务集聚区

积极整合服务资源,支持各类服务机构发展。北京市建成国内首个全要素创业创新"网上会客厅",引入 200 余家社会机构,提供 1200 余项创业创新服务。北京市授予 141 家机构"北京市众创空间"称号,其中 57 家入选国家级众创空间;支持成立全国首个众创空间联盟,众创空间集聚区初步形成。

搭建一批公共技术服务平台,为企业提供相关领域技术和服务。海淀区创业园联合卡尤迪生物科技公司等 5 家单位组建生物医药公共服务平台,为企业提供分子克隆、基因提取、细胞培养等 14 项实验功能,支撑生物医药类高新技术企业基础研发。

五、探索"双创"模式,引领全国"双创"服务发展新动向

中关村创新型孵化器的十大孵化模式从北京向上海、杭州、深圳等 30 个省市延伸布局、复制推广。推动"双创"服务从提供基础服务的 1.0 时代到提供增值软服务的 2.0 时代,再迭代演进到创业资源共享融合、专业垂直、生态多维的 3.0 时代,全面打造"双创"模式的升级版。

天津市滨海新区中心商务区: 打造创新型产业发展先导区

天津市滨海新区中心商务区依托自贸试验区和自创区"双自"

联动优势,着力构建京津冀创新型产业发展先导区、开放创新创业先行区和协同创新创业示范区,加快推动科技创新与制度创新联动发展,加速聚集全球创新资源要素,发挥自创区和自贸试验区双自联动的乘数效应,积极探索京津冀协同创新新路子。

一、出台落实支持政策,广聚各方创业人才

制定"双创"政策细则。针对天津市委市政府支持"双创"发展的十条具体政策,逐一研究制定了实施细则,明确了认定标准、申请要件、办理程序等关键内容。

积极落实天津市建设人才改革试验区九项措施和"就业即落户"政策。在建设引才聚才平台、为海外人才提供居留工作便利、鼓励人才和智力双向流动等方面率先试点,对符合条件的"双创"企业办理"就业即落户"手续,吸引了大量创业创新人才落户。

完善人才住房保障政策。围绕满足"双创"人才过渡性安居需求,建立分散式+定制式相互补充的人才公寓保障体系,为创业创新人才就业、生活提供了完善保障。

二、着力引入创新型领军企业,完善创业创新产业体系

中心商务区重点整合内外部招商力量,组建专业化招商服务队伍,瞄准"双创"示范基地产业方向,有针对性地开展定向招商和全产业链招商,取得了一定成效。2015年9月至2017年年底,中心商务区月均新增"双创"企业超过250家,总数达到7204家。商务区初步形成了以行业领军企业为龙头,以业务关联企业为支撑的产业发展新格局,创新金融、国际贸易与跨境电子商务、科技互联网、新一代信息技术、文化创意、传媒教育等各类现代服务业呈现齐头并进、竞相发展的良性态势。

三、充分发挥自贸试验区和跨境电商综试区体制特色，深入推进改革创新

加快行政审批体制改革。对外商投资实行"准入前国民待遇加负面清单"管理模式，落实外商投资企业及项目备案制。将从投资主体设立到完成相关备案获得境外投资资格的时限，由过去的3个月压缩到一周。先后实现了企业设立、综合受理、国际贸易、国地税联办"四大单一窗口"。开通了网上预约预审系统和企业名称自主申报系统，实现企业"在家网上申报、后台在线预审、股东一次签字、到场直接办结"。

深化金融改革创新。中心商务区积极推进特殊股权结构回归上市、融资租赁试点、股权众筹、跨境并购和海外投资、资产证券化等业务试点，形成了一批典型操作案例。积极优化金融发展生态，围绕建设金融创新示范区，加快推进机构聚集和业务创新，成立了天津自贸试验区金融法庭。搭建跨境投融资服务平台，通过加强对接合作，打通跨境投融资服务渠道，充实完善跨境投融资综合服务平台的境外发债、本外币融资、结售汇便利化等功能。

提升投融资便利化水平。中心商务区着力推进"1+1+1"产业生态建设。依托跨境电商综试区，建设集"关、税、汇、检、商、物、融"等贸易综合服务于一体的跨境电商综合服务平台；组建京津冀跨境电商产业联盟，聚集了80余家国内外跨境电商领军企业；制定一套服务国际贸易和跨境电商产业发展的促进政策。在这套体系的支持下，区内形成了网购报税进口、海外直邮进口等典型运营模式。

四、加速集聚"双创"资源，打造一批众创空间

发挥行业领军企业、创业投资机构、社会组织等社会力量的主力军作用，发展创客空间、创业咖啡、创新工场等新型孵化器，构建了一

批众创空间,为创新创业者提供良好的工作、网络、社交和资源共享空间。腾讯、创始空间、紫荆花、中细软等7家已正式投入运营,阿里云+优客工场、中信国安、凯立达、中钢科技等9家也陆续入驻运营。

五、整合优质服务资源,完善创业创新生态

加快转变政府服务意识和模式,在全国首创政府终身动态跟踪式服务体系。针对"双创"企业,提供涵盖行政审批、载体服务、人才服务、平台服务、培训服务的全过程、零门槛服务,初步构筑形成了有利于创新活力、创业张力迸发释放的生态环境。

建立"管家+专家""线下+线上"服务体系。建立首问负责、专人对接、一管到底、全程代办的服务管家机制,为"双创"企业提供线下市场主体登记、财税、知识产权等代办服务。推出企业网络服务平台和行政审批预约预审系统。搭建办公平台,在"双创"企业过渡期内提供低价灵活的办公场地租用服务以及企业管理、咨询、公证、财会咨询等相关增值服务。

发起设立京津冀众创联盟,服务京津冀协同创新。联合腾讯、阿里、百度、创业黑马、中细软等行业龙头企业和专业服务机构,发起成立京津冀众创联盟,通过横向打通众创空间的优质服务资源,纵向打通创业创新全链条,全面推动创业创新服务资源的开放共享与衔接。

搭建于家堡创业培训平台。于家堡是天津滨海新区中心商务商业区的核心地区,设立了"永不落幕"的"双创"公开课,采用政府引导、机构开放、市场化管理的运作模式,通过整合国内外优质创业培训资源,为创业者提供高品质创业培训服务。

搭建投融资服务平台,建立多层次投融资体系。筹建于家堡产业投资基金,发挥产业基金资本撬动和资源汇集功能,与国内外一线投资机构建立了合作关系。依托互联网资源搭建于家堡股权众筹平台,吸引海内外资本参与股权投资,从资本层面推动企业快速成长,

解决"双创"企业融资难的问题。

上海市杨浦区：
着力打造特色创新创业新平台积极培育发展新动能

上海市政府 2016 年 10 月印发《关于全面建设杨浦国家大众创业万众创新示范基地的实施意见》(沪府发〔2016〕95 号),要求杨浦力争通过 3—5 年系统推进示范基地建设,集聚资本、人才、技术、政策等优势资源,努力建成上海具有全球影响力的科技创新中心万众创新示范区。

一、全面动员部署,完善政策体系

重点围绕区域"双创"政策扶持体系,深入推进《关于大力促进创新创业若干政策办法》等政策配套,优化整合创业、产业、融资、人才等政策,不断加快政策创新和体制机制突破,对科技成果转化所获收益,经认定后按杨浦区实现贡献部分,予以 70% 的人才专项奖励(最高不超过 50 万元)。2016 年 12 月,公安部出台支持科创"双创"出入境政策"新十条"迅速落地,2017 年 3 月 2 日已发出示范基地首张"外籍人才签证认证函"、首张"中国永久居留权申请外籍人才认证函"和杨浦首张《外国人来华工作许可证》。

二、联动各类主体,产学协同发展

进一步深化与高校、科研院所的合作。围绕"双创"建设,与复旦、交大、同济、上海财大、上海理工等 11 所高校签订了新一轮合作框架协议,加快推进环同济知识经济圈、复旦创新走廊、财大金融谷、上理工太赫兹产业园等重点项目建设;与中电 23 所、上海电缆所、上海电控研究所合作推进物联网科技园、电缆科技园和北斗应用示范工程等项目。进一步完善"政产学研用"的创新创业链条,激活区域内高校、科研院所的知识溢出效应。2016 年 12 月,上海理工大学太赫兹科技公司在上海市杨浦区税务局成功办理了《科技成果转化暂不征收个人所得税》备案,以太赫兹成果作为无形资产获股权奖励的科研团队暂不缴纳个税 1035.09 万元,成为全国首单科技成果转化暂不缴纳个人所得税优惠案例。此后,受理十余项科技成果转化个税递延缴纳申请,涉及税款 2878.65 万元。同时,强化重大功能平台和项目建设,进一步深化中国工业设计研究院、国家技术转移东部中心等平台功能,促进科技中介服务在杨浦集聚。

三、科学规划空间,推动载体升级

进一步明确了"西、中、东"中长期创新协调发展新格局。在西部核心区,积极构建以五角场城市副中心为核心、大连路总部研发基地等为支撑的创新经济走廊。在中部提升区,加快建设市场化、专业化、网络化的创客生态社区。在东部战略区,规划建设滨江国际创新带,打造开放共享的公共创新空间。同时,积极推动创智天地、国定东路、长阳路、环上海理工大学四大创新创业街区建设,包括创业者公共实训基地打开围墙、长阳创谷二、三期建设、大学路环境改造提升等,为"双创"提供全要素、开放式、便利化、全生态的空间载体。

四、突出市场导向,创新融资方式

针对科技型中小企业融资难的瓶颈问题,积极探索"双创"融资风险补偿机制,进一步扩大科技型小微企业的受益面。科技部国家重大专项成果转化基金首期募集资金 100 亿元、上海"双创"孵化母基金 20 亿元及管理公司均已落户杨浦,并通过母基金积极引导社会资金支持杨浦"双创",累计吸引集聚各类投资基金规模 300 亿元。与浦发硅谷等银行联手,率先试点"贷投联动—双创贷",为初创期轻资产的科技型企业提供银行信贷资金支持。与市中小微企业融资担保基金开展合作,探索建立创业融资风险补偿机制。

五、优化引才环境,集聚"双创"人才

持续深入开展区域"3310"引才计划和"4+4"人才工作模式,发布实施科创"双创"人才政策"新十六条",涵盖专项支持、政策激励、培养平台和综合配套服务等,从市场化、系统化角度进一步优化引才育才环境。组织开展大众创业人才支持计划暨首届"杨浦创业之星"大赛,在1139位"双创"人才中评选出120名创业之星。目前,区内共集聚11批中央"千人计划"共160人,约占全市总数的五分之一;五批上海"千人计划"共100人,约占全市总数的七分之一,累计集聚创业类"浦江人才"32人,海外人才创业企业达564家。

六、营造"双创"氛围,打造杨浦品牌

2016年10月17日和12月23日,相继召开市政府新闻发布会和国家发改委新闻发布会,专题推介杨浦国家"双创"示范基地建设情况,引起社会各界广泛关注。与此同时,杨浦区还相继承办了2016年全国"双创"活动周上海分会场活动、2016上海众创峰会、2016年上海科技金融创新论坛、中国首届众创空间发展大会等一系列"双创"活动。"双创"活动周期间,杨浦围绕"发展新经济、培育新动能"主题,共举办成果展示、会议论坛、文化传播、群众竞赛、专业服务等活动170项,总参与人数达6.6万余人次。由杨浦选送的原创歌曲《创响中国》在中国科协、团中央组织的"双创"宣传评选中荣获一等奖,当选为全国"双创"活动周主题歌。

2016年以来,杨浦区提出了"双创航船上,众人划桨没有看客"的建设理念,凝聚区域内高校、科研院所、众创空间、"双创"企业等各类"双创"主体,联动互补,不断提升创新驱动能级和区域经济运

行质量。一是经济总量快速增长。2017 年地区生产总值完成
1703.19 亿元,同比增长 5.1%;区级财政收入同比增长 8.2%,增速
居上海中心城区第二位。二是产业结构持续优化。第三产业比重较
2016 年底提高 1.1 个百分点,达到了 84.0%。三是重点产业加快发
展。"十三五"期间重点发展的智力密集型现代服务业增加值同比
增长 15.1%,占第三产业比重达 41.2%,高新技术和战略性新兴产
业增加值同比增长 16.9%。四是"双创"资源不断丰富。区域内集
聚了包括 7 家国家级大学科技园在内的科技园区 21 家、科技型中小
企业达 7000 余家;入驻了腾讯众创空间、清华启迪之星、
INNOSPACE+等 78 家各具特色的众创空间,载体面积达 21.74 万平
方米,培育各类创业团队近 2000 个。

杭州市:
强化"七大支撑"助推大众创业万众创新深入发展

近年来,杭州市认真贯彻落实《国务院关于大力推进大众创业
万众创新若干政策措施的意见》(国发〔2015〕32 号)等系列文件精
神,加快从政策、人才、平台、资本和环境五个方面构建"双创"生态
体系,强化载体、主体、金融、政策、活动等七大支撑,全力打造具有全
球影响力的"互联网+"创新创业中心,取得了明显成效,为加快发展
新经济、培育发展新动能发挥了重要作用。

一、强化"双创"示范基地载体支撑

围绕"双创"要素投入、打造高端平台、突破政策障碍、"双创"生
态营造等领域,扎实推进杭州未来科技城、阿里巴巴集团等首批国家
"双创"示范基地建设,取得良好成效。截至 2017 年 12 月底,杭州未
来科技城累计引进海归人才 2720 余名、千人计划人才 151 名,落户

企业10407家。持续对接国家"双创"战略,组织有关园区、高校和企业积极争创第二批国家"双创"示范基地。2017年6月15日,经国务院批准,杭州经济技术开发区、浙江大学、万向集团公司3家单位成功跻身第二批国家"双创"示范基地。目前杭州已创建2批5家国家"双创"示范基地,在15个副省级城市中位居前列。

二、强化"双创"主体支撑

一方面加快培育创新型企业。修订《杭州市科技型初创企业培育工程实施意见(2018—2020)》,细化科技型中小企业倍增计划任务指标,扎实开展企业认定、推荐和培育工作。截至2017年12月底,杭州未来科技城共有国家级高新技术企业157家、市级高新技术企业178家;雏鹰企业和青蓝企业累计达221家和41家。另一方面加快提升企业创新能力。推动省级(重点)企业研究院等创新载体建设,推动规模以上工业企业研发机构、科技活动全覆盖。截至2017年12月底,杭州未来科技城省级重点企业研究院、省级企业研究院、省级企业高新技术研发中心分别达8家、13家和35家。

三、强化"双创"金融支撑

一方面大力推进科技金融融合发展。先后成立了杭州银行科技支行、文创支行,设立了全国首创的中小企业转贷引导基金。高度重视创业投资对创新创业的促进作用,整合现有工业、科技和文创等各类专项资金,扩大创业投资引导基金、蒲公英天使投资引导基金、文创投资引导基金等各类产业基金规模。2017年全年,股权投资机构累计612家,基金及管理资本规模累计1186亿元,上市及挂牌企业累计11家。另一方面积极创新金融服务模式。通过商标权抵押、股权质押、动产抵押、以信换资以及与银行联合开展"税银互动"战略合作等手段,积极拓宽小微企业融资渠道。与芝麻信用以及杭州银行、网商银行合作,挖掘企业信用信息资源,免费向小微企业提供信用产品,促进网上网下一体化融资。通过建立中小企业贷款风险池、设立企业转贷资金、建立担保公司风险补偿机制、针对重点行业成立助贷基金等多种方式,努力解决小微企业"融资难"问题。

四、强化"双创"平台支撑

一方面加快协同创新平台建设。加快推进浙江西湖高等研究院等高层次协同创新平台建设,对施一公等四位科学家领衔的创新团队项目开展评审,分别给予1亿元的资助。之江实验室积极争创国家重点实验室,目前已完成选址工作,拟落户未来科技城。深化与知名高校和科研院所的战略合作,推进"紫金众创小镇"等合作平台建设。另一方面加快众创空间、孵化器高品质发展。引导各类众创空间、孵化器培育核心竞争力,实现专业化、品牌化、差异化发展,如华立润湾聚焦智能硬件、贝壳社聚焦医疗领域等。目前,杭州未来科技城已有市级众创空间39家,其中国家级众创空间10家,省级优秀众创空间15家,市级众创空间14家。积极推进创业孵化平台国际化发展,美国硅谷孵化器对接服务海外高科技创业项目超过200个,形成已落地或有意向落地杭州海外项目83个。

五、强化"双创"政策支撑

一是推出创新"新政37条"先行先试。制定出台杭州市《关于深化改革加强科技创新加快创新活力之城建设的若干意见》,提出37条极具含金量的创新创业政策,并制定分工方案,对相应政策进行任务分解,抓好"双创"政策落实。二是积极开展全面创新改革试点工作。制定全面创新改革试验实施方案,提出9方面20条改革任务和清单,对改革任务及清单进行分解落实,2017年基本确定23项试点工作,并制定详细工作计划,推动以科技创新为核心的全面创新。三是鼓励高校师生在杭创业。制定《关于鼓励在杭高校及其师生在杭创新创业的若干意见》,开展科技服务业补助申报,全面落实高校院所3%和科技中介1%的技术交易额补助政策。四是吸引高层次人才来杭创业。先后出台"人才新政27条""人才新政升级版22条""就业创业新政27条"等一系列极具吸引力的人才政策,建立高端人才"一站式"服务平台,涌现出阿里系、浙大系、海归系和浙商系为代表的创新创业人才"新四军"。根据LinkedIn(领英)、猎聘网等第三方机构发布的数据显示,2017年杭州人才净流入排名全国第一。

六、强化"双创"环境支撑

一是深化商事制度改革。首推商事登记"1+N+X"改革。其中"1"是"五证合一、一照一码"。"N"是经梳理后予以取消、并可纳入"1"的许可和备案项目,统一以社会信用代码替代许可和备案号码,实质是通过梳理整合"N"的事项,减少办证数量,拓展"1"的内涵,实现"五证合一、一照一码"向"多证合一、一照一码"扩展。目前,第一批梳理确定的"N"事项并纳入"1"的共计12项。"X"是指目前难以作为"N"事项纳入"多证合一、一照一码"的审批许可事项,通过共享基础数据、优化流程再造实行证照联办,实现群众跑多个部门改跑一个窗口。按照使用频率高的要求,第一批作为"X"的联办事项共计25项,其办件量占到商事登记领域日常相关许可办件数量的80%,有效减少企业办事跑腿次数。在全省率先试点上线"企业名称自主申报"系统,并创新实现"名称自主变更"功能,目前,全市使用自主申报名称的市场主体4.6万家,约占名称申报总量的80%。全面启用浙江省全程电子化登记平台,并实现杭州版外网申报首批功能上线,目前已收到网报申请3344家。二是深化行政审批制度改革。全面落实"最多跑一次"改革，依托"一家两中心"服务平台，巩固深化"放管服"和"四张清单一张网"改革成果。目前，全市共有11354项事项实现"最多跑一次"，其中市本级1209项，实现比例为88.4%，提前一个季度超额完成省政府下达的9月底前实现80%的目标任务。全面推行"一窗受理、集成服务"改革，目前，"一家两中心"涉及的投资项目、不动产、商事登记、海关商检、出入境证件办理、医保等事务都实现了"一窗受理"。三是提升创业公共服务水平。推出创新券、服务券等创业服务政策，引进国内外高校院所和大企业共建28个市级以上科技创新公共服务平台，试行创新券补贴拨付办法，依托省市级科技创新公共服务平台发放"创新券"，直接惠及企业5000余家次，创新券发放量及实际使用量居全省第一。

七、强化"双创"活动支撑

巩固G20峰会成果，发挥峰会效应，先后举办"杭州国际人才交流与合作大会""互联网创业大赛""钱塘之星创新创业大赛""中国杭州大学生创业大赛"等系列活动；推出"钱塘创业潮"2017年创新创业品牌活动，"世界创业论坛亚太论坛"等10个项目作为2017年品牌活动在杭州落地；积极发挥在杭高校众创联盟作用，启动"琢玉计划"，点燃全社会创新创业热情。

深圳市南山区：
以"共享、共建、共育、共营"助推深港创新创业共同体建设

深圳市南山区是内地港资企业最密集、效益最好的地区。其中，大疆创新是香港青年来深创新创业的典型代表，利用两地优势实现了业务规模的高速增长，2017年产值达到180亿元，占据了全球消

费级无人机 80% 的市场份额。在深化深港合作过程中,南山区建立了平台共享、载体共建、人才共育、氛围共营的新型合作模式,推动深港两地形成深度融合发展的创新创业共同体,共同建设具有世界影响力的科技产业创新中心核心区。

一、平台共享,拓宽要素流动新渠道

建设深港青年创新创业平台。2013 年,首个深港青年创新创业基地在南山云谷揭牌,积极引入具有国际化视野和思维,熟悉两地文化生态的香港 X 平台和香港 OS 平台参与深港青年创新创业基地的运营管理,探索两地创新创业合作新模式。建设深港产业创新高端平台。积极在集成电路、微电子等产业领域开展合作,与香港科技园互设代表处,安博电子、赛美创新等集成电路企业利用香港代表处开展深港合作业务;共同发起成立了深港微电子协同创新联盟,对接深港两地微电子产业创新资源,助力深港微电子产业达到国际领先水平。

二、载体共建,集聚两地资源新优势

建设"港"字号产学研机构。香港大学等香港 6 所院校均在深圳设立了研究机构,依托虚拟大学园平台,开展科学研究、联合人才培养、培育高科技创业企业,取得了良好的成效。据不完全统计,6 所院校累计在深设立科研机构 72 家,转化成果及技术服务 269 项;注册企业 79 家,注册资金约 2.9 亿港元。建设"港"字号科创载体。据不完全统计,6 所院校在深圳的产学研机构建立了近 40 个重点实验室和工程研究中心,并结出累累硕果。2017 年 4 月 6 日,一项由香港城市大学深圳研究院院长吕坚率队取得的科研成果,刊登在国际性科技期刊《自然》封面上,这项全球首创的超纳镁合金材料代表着深圳新材料领域的重大突破。

三、人才共育,提升两地发展新动力

建立深港人才联合培养机制。着力打造"深圳—香港—海外"人才流动新模式,推进香港人才在"互联网+""智能制造"领域的实习、研究计划,形成深港两地交流、学习、互访机制,实现深港人才互补和共享。据不完全统计,产学研机构和科创载体累计在深联合培养各类人才 9211 名(其中含博士后 32 名、博士 199 名、硕士 2627 名)。搭建对港青年工作新平台。为推进深港人才特区建设,南山区搭建香港青年参观考察、实习的基地以及就业、创业的成长阶梯,推动前海成为香港青年人才实习基地,从 2014 年起,前海管理局大力引进香港青年到前海实习,累计为香港青年人才提供 1442 个实习岗位,接待 2 万多名香港青年人才交流学习。

四、氛围共营,打造深港两地"双创"新生态

举办创新创业大赛。为充分挖掘两地创新创业项目资源,举办前海深港澳青年创新创业大赛,在首届大赛中,吸引了超过 100 个香港青年创业团队参与,来自香港大学和香港科技大学的两个创业团队分别获得大赛一等奖。举办高端论坛活动。作为全国唯一"青年创新创业跨境合作示范区",前海青年梦工厂陆续举办"世界青年创业论坛""深港青年创客营"等 20 多场次大型活动。同时,各类创业、创投机构举办了大量开放式创业的培训、交流、项目评选、分享活动。目前"梦工厂"已成功孵化香港创业团队 77 家,先后涌现出学学科技、秀妙科技等多个优秀青年创业团队,获天使投资超过 6000 万元。吸引"双创"要素聚集。以"梦工厂"为依托,吸引深港国际知名新型孵化器、风投机构、产学研机构、You+青年创业社区等创业要素集聚前海,引进 IDG、香港文化艺术青年会等 10 家孵化平台机构,搭建深港两地创业团队与境内外 VC、PE 等机构的对接平台,推动全

业态、全链条、全要素的深港创新创业生态圈的建设。

在粤港澳大湾区的国家战略部署下，南山区将以深化深港合作为开放创新突出亮点，继续借力香港高度国际化的优势，积极探索形成国际化、开放、共享的"双创"发展模式，推动粤港澳大湾区在全球竞争中扮演更重要的角色。

成都市郫都区：
去库存、促转型加快培育转型发展新动能

四川省成都市郫都区认真贯彻落实李克强总理考察调研菁蓉镇时的指示精神，着力营造全要素、低成本、便利化、开放式的国际创新创业环境，广泛聚集全球"双创"资源要素，充分激发各类"双创"主体活力，扎实推进全国"双创"示范基地建设，推动全域全产业"双创"，加快培育转型发展新动能。探索形成了"专业孵化机构+高校模式"、多层次建设创新创业载体、知识产权改革试点、高校科研成果"梯度转移三步法"等可复制、可推广的"双创"模式和典型经验。

一、以"去库存"为契机，推动闲置资源巧变众创空间

巧用闲置楼宇，集成打造创客空间。系统梳理激活重大产业化项目富士康产业转移后的闲置资源，依托县域内19所高校、25万大学生的科教优势，在菁蓉镇集成打造创新创业载体，已成功改造闲置楼宇75万平方米。截至目前，引进清华启迪、京东云创空间等新型孵化器46家，搭建公共技术服务平台38个，引进院士、千人计划等高层次人才36名，聚集创客18000余人，引进大数据、无人机、电子信息等新兴产业项目1609个。

坚持需求导向，优化提升生活空间。将郫都特色与国际标准相结合，聘请西南设计院、天津大学设计院启动2.5平方公里国际

社区起步区规划,布局建设菁蓉立交、菁蓉湖、菁蓉中心、菁蓉大街等地标建筑,建成特色餐饮街区、多功能体育场馆、国际化学校和医院、创客影院,构建"十分钟生活圈";实施引水入镇工程,对环绕菁蓉镇的清水河、枹木河进行水岸打造,建成1000亩的生态艺术公园、108亩的园林创客公园,营造处处见绿、抬头见景的创意生态环境。

深化校地合作,打造协同创新空间。大力聚合高校资源、产业基础和已有载体资源,规划建设一批低成本、便利化、全要素、开放式的众创空间和"星创天地"。加快建设犀浦镇环西南交大2万平方米的交大数控空间,规划红光镇7万平方米的国家级农业创新示范基地和环西华大学的1.2万平方米工业设计"双创"服务平台。以华夏幸福基金影视硅谷小镇项目为依托,建成团结镇传媒学院6万平方米的影视传媒"双创"基地。聚焦食品加工主导产业,建设安德镇1.2万平方米的科创基地农业配套孵化园,带动农创、文创、旅创蓬勃发展。

二、以"强动能"为导向,推动科技成果加速转化

深化知识产权综合管理改革。率先成立专利、商标、版权"三合一"综合管理的区级知识产权局,设立知识产权审判法庭,推行民事、刑事、行政审判"三审合一",探索推进知识产权管理、执法、服务"三合一"改革。开通国家知识产权局专利局成都代办处服务窗口,率先实现专利业务办理下沉到区(县)一级。2017年,全区新增专利申请4141件,增长44.29%;新增商标申请2704件,增长77.08%;新增版权登记3067件,增长249.32%。

创新科技成果转化机制。针对高校与职务发明人转化动力与权力错位、科研成果转化率极低的现象,探索以"专利清洗、封闭孵化、溢价退出"为核心的科研成果"梯度转移三步法",推动科研成果产

权化、知识产权产业化,真正让科技创新人才先富起来。与四川大学、中国电信成都分公司等在川国家"双创"示范基地强强联合,探索校地企协同创新"郫都模式",在菁蓉镇设立四川大学博士后工作站,投资 16 亿元建设中国电信西部 ICC 中心。与电子科大合作,建设"电子信息+"逆向加速器、原始创新中心,抢占未来产业制高点。

强化成果转化金融支撑。加大银政企对接力度,与新网银行合作,设立国内首款线上"菁蓉创客贷",实现 100 万元以内"秒申秒贷"。借助京东云创空间平台、知识产权展示交易平台,探索股权众筹机制。设立 3 支引导基金,以 1 亿元财政资金撬动社会资本 22 亿元。搭建 VC/PE 平台,引进创投机构 20 余家、基金 22 支。截至目前,"双创"项目已实现融资 5.8 亿元,辖区辅导上市企业 40 家,成功上市挂牌企业 25 家,菁蓉镇已有 12 家企业在川藏股权交易中心挂牌,另有 28 家企业经过初审。

三、以"促转型"为目标,推动产业高端绿色发展

做大做强"电子信息+"产业。强链补链,主动承接京东方等重大项目,配套引进关联产业项目;招大引强,引进中璟航天投资 165 亿元建设 12 英寸 CIS 晶圆厂和半导体产业基地;换道超车,与上海临港集团、电子科大合作,打造"电子信息+"绿色高端科技产业集聚区。

改造提升传统优势产业。联合中科院微生物研究所、江南大学等 20 家高校科研院所、105 名行业专家和 176 家企业组建工业创新联盟,搭建食品饮料产业孵化平台,建成微生物产业技术研究院、专业孵化器 2 个,推动川菜食品加工产业转型发展,促成新产品开发和新技术研究项目 16 项,丹丹豆瓣公司成功创建全国调味品行业唯一一个国家企业技术中心,2017 年食品加工产业实现产值 270 亿元。与四川农大、中国电信共建技术研发平台 3 个、现代农业"双创"空

间 1.2 万平米,聚集农业"双创"项目 76 个,完成科研合作项目 53 项,研发新品种 82 个,完成科技成果转化 20 余项,建成湖西岛、多利农庄等一批现代农业示范项目。

培育壮大新兴产业。 组建大数据产业研究院、国家级新材料检测中心等八大创新研发平台,推进研发成果就地转化,培育壮大大数据、无人机等新兴产业集群;与国家信息中心联合组建成都国信优易公司,孵化项目 65 个,聚集引进中国数码港等大数据及关联企业 100 多家;建成无人机大街和西南无人机飞行服务中心,引进无人机适航检测中心等项目 20 余个;与上海荷福集团合作,共建 2.5 平方公里"菁蓉智谷",推进人工智能进军煤炭矿井无人化、香精配方精准化,与广东智能机器人研究院等 23 家科研院所、协会和企业共同成立成都智造中心,推动虚拟现实产业加快发展;大力发展医疗设备制造、基因检测等高端医学产业,引进美时医疗、普瑞菁英、诺贝尔奖得主费里德·穆拉德天然药物研发中心等项目 64 个。

四、以"优氛围"为抓手,厚植创新创业基因

建立容错免责机制。 率先制定《关于宽容失误澄清是非大力推进创新创业的实施办法(试行)》,对在"双创"实践中,主观上出于公心、担当尽责,客观上由于不可抗力、难以预见等因素,未达到预期效果、造成不良影响和损失的行为或失误,对责任单位或个人免予问责或减责,营造鼓励创新、宽容失败的工作氛围。

扎实培育创新精神。 引进国内知名教育培训机构清华万博探索"政府+企业+学校""学校+企业""义务教育学校+高校"三种模式,在全区 39 所中小学校开设创新教育课程,从小培育青少年敢于探索、不怕挫折的创新精神,根植郫都区未来发展的"双创"文化基因。辖区中小学先后获国家级、省级、市级创新教育比赛团体一、二等奖 10 余次,学生作品申报国家专利 2 项。

大力弘扬"双创"文化。推进"双创"文化进地铁、上公交、到机场，在京沪高铁、成都双流机场、成都地铁投放宣传片，在全区各商业街区、创业工场、双创学院和基层社区先后开展 672 场"创响郫都"科普行动、10 场"高校行"活动，开展创客郫都优秀科技型企业及企业家"双十佳"评选表彰，形成浓厚的创新创业氛围，激发全社会创新创造活力。全区新增市场主体 18476 户、同比增长 105.9%，新增注册资本总额 147 亿元、同比增长 126.7%，新增专利申请 3300 件，增长 36%，引进杰狮隆等重大项目 76 个，总投资 457 亿元。

河南省鹿邑县：
小小化妆刷拉动一方产业

河南省鹿邑县是国务院确定的第二批国家区域"双创"示范基地，该县紧紧依托尾毛制刷特色产业优势，着力建设返乡创业园、化妆刷产业小镇、羊毛衫创业孵化园等一批重点园区和专业孵化器，积极推进"引凤还巢"工程，吸引外出打工人员返乡创业，带动本地就业，推动形成鹿邑县创新创业新热潮。

一、集聚中小企业，发展特色产业，以产业吸引创业

鹿邑县有着 30 多年的尾毛加工产业发展历史，造就了一批成功的企业家，也培育了大量技术农民工，先后到深圳、宁波、义乌、天津、河北发展，开办工厂 1600 多个，总投资 50 万元以上的尾毛制刷企业 600 多家。随着沿海发达地区产业转型升级趋势，要逐步淘汰一批劳动密集型的企业，向内陆转移。2016 年年初鹿邑县委、县政府研究提出，采取以县产业集聚区为平台，规划出一个占地 800 亩的尾毛制刷创业园区，按照"区中园"的思路，重点培育尾毛制刷产业。不到两年的时间，初步形成以明新集团为龙头、一大批产业链配套企业

149

集聚的尾毛加工及纺织产业集群。截至2017年年底，鹿邑县产业集聚区具有化妆刷终端产品的规模企业达到115家，年产羊毛3000多吨，尼龙毛9000多吨，化妆刷8000万套，占全国尾毛加工出口量的80%以上，产品远销法国、美国、俄罗斯、日韩、欧盟、中东等20多个国家和地区。如今鹿邑县已成为全国最大的化妆刷生产县和河南省最大的羊毛衫生产基地县。

二、强化机制措施，吸引返乡创业，以创业带动就业

鹿邑县营造良好创新创业生态环境，以创新带动创业，创业带动就业，助推创新创业发展。深入推进"引凤还巢"工程，设立1000万元专项扶持资金，撬动金融信贷支持，优先供应建设土地，提供"一站式"贴心服务等。原本在深圳发展的明新集团董事长梁庆之，带头把深圳观澜镇的明新化妆产业所有完整的产业链，包括口管、铝皮、木柄、拉丝等生产线，一应俱全地全部迁鹿邑并投入生产。明新集团还在许多乡村建了加工点，农户不出村就能干活挣钱，乡村加工点成了"扶贫车间"，直接为鹿邑县增加许多就业机会，帮助鹿邑县百姓脱贫致富。由于明新集团在尾毛制刷产业的龙头地位，与其关联的上下游企业众多，在它的带动下，韩国正一集团、香港弘振化妆、吉林延边五金工艺等一大批化妆刷企业也先后落地鹿邑。鹿邑县以亲情乡情召唤、雁回效应带动、建设多业态载体和营造宽松环境等措施吸引鹿邑籍和豫籍农民企业家、外出成功人士回归到家乡再创业，受到了全国各地从事化妆刷产业广大老乡的大力支持和强烈响应，吸引外出打工人员返乡6.2万余人，带动本地就业3.2万余人。

三、构建共生环境，凝聚企业合力，以共享推动发展

鹿邑县针对化妆刷生产领域，所需的口管、注塑、尼龙毛、化妆棉、包装印刷等不同的相关配套产业链条，遵循市场经济内在发展规

律,引导化妆刷各个环节的生产企业,合理布局产业集聚区,产业上下游之间分工明确,相互配套。鼓励企业自主创新,研发新产品,创建企业品牌和产品品牌。目前已成功研发出"淡扫峨嵋""蓝魅儿""海沁美"等化妆刷自主品牌50多个,并通过电商平台在网上销售。不但丰富了产品,避免了同类竞争,而且满足了不同品牌的市场需求。不仅如此,鹿邑县化妆刷行业还实现了在国际市场和国内市场上的平衡发展,化妆刷企业一方面在各自的专属领域独立开展业务,一方面分享着来自同行业不同区域的市场订单和营销资源,形成鹿邑县化妆刷产业独有的市场生态圈,促使化妆刷企业实现合作共赢、抱团发展。在大力发展尾毛制刷产业的同时,鹿邑县积极贯彻落实国家关于大气、水污染防治的各项决策部署,坚持"环保优先"原则,分类实施,因企施策。对于待落地的尾毛制刷企业,落实环评准入制度,严格审批,守住环保红线;对于在建项目,严格要求各个项目工地规范施工,定期督查,强抓整改,杜绝粉尘大气污染;对于有洗染生产工艺和口管生产线的企业,按照对应区域建造污水处理厂,实现生产废水集中处理,达标排放。鹿邑县环保部门建立专门监管机制,定期督查,对不符合标准的企业予以关停整顿,对违规排污企业予以严肃查处。加强重点区域生态保护,发展循环经济和清洁生产,为打造"富裕鹿邑、人文鹿邑、平安鹿邑、美丽鹿邑"营造一个整洁优美的城乡环境。

四、转变政府职能,优化"双创"生态,以服务提升创业

鹿邑县通过强化政府创业服务职能,突出政府—企业—农民三大主体互动,构建县、乡、村三级公共创业服务平台体系,探索公共服务、中介服务、培训服务、金融服务、政务服务等领域的创新实践,积极为农民工返乡创业开辟绿色通道,提供全方位、全天候的服务,从政策扶持、财政支持、人才培养、社会统筹、基础设施等方面给予农民工返乡实实在在的必备保障。鹿邑县委、县政府出台了《关于进一

步加快全县工业经济发展的意见》和《关于支持农民工返乡创业的实施意见》，提供支撑创新创业的财政措施、落实定向减税和普遍性降费政策、创业场地支持、金融支持等各项优惠政策。积极推进尾毛加工产业电子商务化，引进阿里巴巴、京东、天猫、买多网等知名电商和菜鸟、中通、韵达等知名物流企业20余家，辐射下延乡村电商网店480家，月发货量5—8万单，月在线销售额3000万元以上。推动线上线下融合发展，加快推动发展农村电商，打造集渠道建设、电商平台、双向流通、人才培育、农村金融等为一体的农村电子商务生态链和生态圈，吸纳更多返乡农民工开展"互联网+"创业。

鹿邑县把支持返乡创业与促进产业转型升级、发展优势产业和培育县域发展新动能结合起来，与构建共生环境、转变政府职能和激发县域发展活力结合起来，与走出去、引进来、强化县域开放带动结合起来，从而以支持返乡创业带动了县域经济社会的整体发展，走出了一条具有鹿邑县特色的返乡创业经济新模式道路。

第二节　高校和科研院所示范

南京工业职业技术学院：
打造集培育、孵化、服务为一体的新型创新创业综合平台

南京工业职业技术学院作为全国唯一入选国家"双创"示范基地的高职院校，紧扣高职特点，以激发"双创"动力和活力为落脚点，从完善"双创"人才培养和流动机制、加速科技成果转化、构建学生创新创业支持体系、建立健全"双创"支撑服务体系等方面入手，主动对接地方产业和行业特色，与企业结成创新型技术技能人才培养

联盟,把基地打造成集培育、孵化、服务为一体的新型"双创"综合平台,增强"双创"人才有效供给能力,助推区域经济社会发展。

一、普惠式教育与精英式教育相结合,培养"双创型"技术技能人才

学校始终坚持把培养学生创新创业意识和创新创业能力作为"双创"教育的根本,一方面,学校不断扩大"普惠式"创新创业教育的覆盖面,启动了以"专创融合"为核心的"双创"课程建设,打造逐层递进的课程体系。深化"探究式—小班化"教学改革,全面评价学生创新创业素质,构建了一套适合高职学生的创新创业素质评价指标体系。另一方面,学校持续推进"精英式"培养战略,深化"创新精英班、创业先锋班、创优示范班"培养计划,同时健全完善学生创新创业竞赛实施体系,将"双创"竞赛纳入学生素质教育实践计划,进入"第二课堂成绩单"。目前,已启动"卡魅实验室"建设和"双创工作坊"的建设。

二、科学设岗与分类评价相结合,打造"教练型"混编师资队伍

为进一步激发教师活力,学校先后出台6项政策,积极推行"人才分类、菜单聘用、多元薪酬、灵活考核、服务发展"五大特色的"人才引进新政";建立了"分类评价、尊重个性、鼓励跨界、自主创新"的创新型教师培养与评价机制、绩效分配制度;出台了支持科研人员带科技成果兼职或离岗创业的政策。

三、"双创"需求与分层分类相结合,构建"专创融合"教育教学模式

学校聚焦装备制造产业发展,以创新创业人才需求为导向,优化调整专业建设布局与方向。深入推进创新创业课程体系改革,推进

实施"创新初识—专创融合—创新实践"三阶递进课程体系,持续扩大"专创融合"课程比例,完善学生创新素质评价指标;创新"双分双合"人才培养模式,根据学业水平开展分层教学、结合生源类型实施分类培养,以深化学分制改革为保障,实现人才培养粗放型向精细化的转变。联合数十所院校和企业申报国家级创新创业教育教学资源库。

四、科学规划与多方联动相结合,提升"双创"社会服务能力

学校落实国家"双创"政策,不断深化科技体制改革。围绕"双创"服务管理水平提升、科技平台升级、技术服务扩大、科技成果转化、培训能力提升等方面开展积极探索。先后出台修订5项政策文件,进一步释放科技工作活力。建立科研经费协同管理监督机制,简化科研项目经费使用的审批流程。启动了"科技人才(团队)+科技成果"双要素转化模式的探索,实现了人才和成果共同从学校到企业、从学校到产业的流动。以全国现代机电技术职教集团、江苏省轻工协会、大学科技园等校内外行业创新平台为载体,重点推进协同技术研发转化平台建设。

五、隐性教育与显性宣传相结合,打造"双创浸润"校园文化

按照"双创教育年年有规划、双创实践月月有竞赛、双创成果院院有特色、双创典型处处有示范"的"双创"文化建设思路,运用信息化手段宣传创新创业精神,营造浓厚的校园"双创"文化氛围。目前,已建立50多个师生混编"创新创意工作室";设立"黄炎培科创之星"专项奖学金;组织"双创示范基地媒体集中采访""双创教育校园开放日"等活动宣传"双创"基地建设成效。

六、"引进来"与"走出去"相结合,开展"双创引领"国际交流合作

学校依托全国高职院校创新创业教育联盟理事长单位和中国教育国际交流协会职教分会理事长单位等平台,加强国际化"双创"课程研发、开展国际化师资培训、加强师生交流互访、参与国际创新创业竞赛等。与英国国家创新创业教育中心(NCEE)共建"中英创新创业教育示范基地";主动服务国家"一带一路"战略,发起了"中英一带一路青年创新创业技能大赛";服务中国企业"走出去",筹建中赞职业技术学院南工院机电学院;与新加坡南洋理工大学、澳大利亚维多利亚州政府已启动"双创"合作项目,接收"一带一路"沿线国家和发展中国家的学生来校学习创新创业教育课程或相关专业。

七、科学布局与资源共享相结合,打造"释放生态活力"的九大平台

围绕"双创"基地建设开展的六项任务,从"双创"认知、"双创"训练、"双创"实践和成果转化四个环节入手,充分发挥职业教育产教融合、工学结合的优势,构建"九大平台",主要包括创新思维开发"双创"认知平台、智能制造产教融合创新平台、智能控制工程研创平台、企业信息化创新服务平台、电子商务创新创业服务平台、绿色智慧交通虚拟仿真平台、"艺术工场"文化创意产业平台、"创客梦工场"师生"双创"实践平台、政校企行协同技术研发转化平台。

八、科学管理与全面协调相结合,打造"可复制、可推广"的"双创"基地建设模式

一是强化组织建设、落实责任分工。拟筹备成立"双创"示范基地建设领导小组,由学校主要负责人担任组长,分管学生工作、团委、

招生就业、教学、科技、校企合作、财务、科技园的校领导担任副组长，成员包括党政办、学工处、团委、招就处、教务处、科技处、人事处、科技园公司、国际处、信息化处、工程实训中心、资产处、计财处、质控处以及二级学院负责人，形成齐抓共管的联动协调机制，确保创新创业示范基地工作的落实。

二是优化管理机构、统筹协调推进。学校拟筹备成立"双创"示范基地建设办公室，由办公室负责基地建设的日常协调和推进等工作，并逐步配齐配强工作队伍，切实推进"双创"示范基地建设。同时发挥全国高职院校创新创业教育联盟优势，实现资源共享。

三是强化监督考核、做好宣传引导。学校对"双创"示范基地建设项目实行目标管理、绩效考核等管理办法。明确各环节主要任务、各项政策举措和9个重点工程的负责部门和具体负责人，工作落实到岗、任务落实到人。同时学校将依托全国高职院校创新创业教育联盟系列活动的开展，做好"双创"示范基地的各项研讨、宣传工作。

四是凝聚各方力量、落实资金保障。探索调动校友力量和社会资源，创建更多股权、债权类创业基金，为"双创"示范基地建设提供更坚实的资金保障。同时学校"双创"基地的建设将积极推进校校、校地、校企合作，拟通过利用区域优势与第一批示范基地代表南京大学共建合作、与南京市政府、南京市栖霞区共建"双创"示范基地等举措，目前都已进入论证实施阶段。

五是打造信息平台、提供支撑服务。按照网络"光化""无线物联化"、数据中心"云化"的思路和"总体设计、滚动实施"的原则，完成了网络基础设施和数据中心改造升级的总体设计、专家论证和一期项目的实施。完成了智慧校园基础软件平台的方案设计、专家论证、公开招标等工作，推进学校全量数据中心和统一信息门户、一站式服务大厅以及身份认证、流程引擎等公共支撑平台的建设。启动了"职业院校数据与应用创新中心"建设，与成都康赛科技有限公司合作打造"职业院校数据与应用创新中心"。

中南大学：
构建创新创业支撑引领平台和创新创业教育改革高地

全面贯彻落实习近平新时代中国特色社会主义思想,紧扣"建设特色鲜明的世界一流大学"的办学定位,边规划、边建设,切实推进创新创业教育全方位、立体化,构建创新创业支撑引领平台和创新创业教育改革高地,取得了显著成效。

一、推进人才培养机制和创新创业教育体系建设

统筹推进创新创业教育。将创新创业教育示范性平台建设、国际化的创新创业交流和人才培养基地建设、高水平课程建设、国际和国家级竞赛等列入"双一流"建设考核指标。全面推行价值塑造+知识传授+能力培养+智慧启迪人才培养模式创新,构建办学特色与社会需求相融合、通识教育与专业教育相融合、实践教育与行业协同相结合、思想政治教育与创新创业教育融入本科教育全过程的人才培养体系。

加强人才培养机制顶层设计。出台《关于加强全员育人、全过程育人、全方位育人的实施办法(试行)》,进一步挖掘和建设人才培养工作的有效载体和鲜明特色。制定本科大类招生、大类培养改革方案,将99个专业划分为25个大类。出台《2018版本科人才培养方案修订原则意见》,要求"创新创业教育融入人才培养全过程,促进专业教育与创新创业教育有机融合",正在制订专业人才培养方案。修订《本科生学籍管理规定》,规定"休学创业学生的学习年限在学校规定的基础上延长三年"和"经学校认可的休学创业或退役后复学的学生,因自身情况需要转专业的,学校优先考虑"。修订

《研究生学籍管理规定》，允许研究生创新创业休学。

健全创新创业教育课程体系。以大学科类创新创业课程为重点立项支持教师开发专门课程60门，支持开发跨学科交叉新兴前沿课程和校企联合课程。推广开放式精品示范课堂计划，2017年新增53项建设项目。推进优质课程资源开放共享，完成6门MOOC课程面向校外开课工作，完成8门课程的立项及拍摄工作，遴选和录制4门创新创业教育微慕课和1门视频公开课并在全国"精彩一课"创新创业教育课程评选中获一等奖，与超星、智慧树、学堂在线等国内知名在线开放课程平台签署合作协议。充分发挥创业培训和实训作用，提升学生职业技能和创业能力。

建设创新创业实践训练体系。在全国首创设立创新创业"师生共创"项目，支持学校在职教师与毕业5年内毕业生或与在读学生组成的团队，由教师带领学生进行创新创业，促进产学研合作，推进教师和学生的科技成果转移转化和产业化，共支持立项103项。组织2017年大学生创新创业项目立项，国家级立项558项，校级1045项，共有6578名学生参与，国家级项目数居全国高校首位；将创新创业项目与扶贫工作有机结合，设立"专项资助项目"；积极推进产学合作，组织学生申报"北斗微小课题"、佳纳学生创业项目等。2017年，组织学生参加学科竞赛和创新创业比赛及培训超过万余人次，参加了24个国家级比赛并在6项赛事中取得国家一等奖；参加18项省级比赛，在9项赛事中斩获一等奖；举办32项校级赛事。2017年新增大学生校外实践教育基地35个，校企合作人才培养基地22家。

启动大学生创新创业国际跨文化交流能力培养计划，实施创新创业国际研习营项目，资助44名学生带着项目和问题赴美国、日本知名高校、科研机构和企业研习训练。教育部批准中南大学与美国加州大学旧金山分校合作办学项目，"学校八年制医学生领军人才培养创新驱动计划"获国家留学基金委批准,继续开展中南大学—耶鲁大学"医学与艺术结合的教学"合作项目,与法国图尔大学签署合作协议,签署中南大学—邓迪大学联合国际学院项目协议,推进与相关国家和地区合作实施创新创业研修和培养项目。对接"一带一路",由商务部主办、中南大学承办的2017年"发展中国家高级护理及医疗技术硕士班"和"交通运输工程硕士班"开班,与尼日利亚艾哈迈德·贝洛大学签署合作备忘录,与埃塞俄比亚亚的斯亚贝巴大学签署合作备忘录,就铁路人才培养、教师交流、学生互换、暑期文化交流等达成广泛一致。

二、完善人才流动机制和现代大学人事制度建设

出台《教学科研人员兼职与离岗创业管理办法(试行)》和《中层领导干部兼职管理办法(试行)》,进一步激发科技人员创新创业的积极性。在学校文件的基础上,各二级教学科研单位相继制定支持教师离岗从事科技成果转化活动的实施细则。

出台新进教师破格程序优化方案,启动新进教师遴选办法修订工作;改革教师考核评价办法。成立教师考核评价专家组,完成《教师考核评价制度改革方案(初稿)》;初步建立了"基本条件+代表性成果"评价机制。加强创业导师队伍建设。组织专门训练营,邀请导师对学生项目进行指导。完成了教育部"全国万名优秀导师人才库"导师人选复核,我校推荐的28人入选。

开展教师教学发展相关活动,先后召开了以"开放式精品示范课堂认定""聚焦'新生课'""新工科、新挑战、新机遇"为主题的教学沙龙;组织教师参加集中和分散的网络培训,包括"未来课堂:混合式教学课堂的设计与实现""超星教师发展直播讲堂"等;组织"信息化课堂""从慕课到翻转课堂"教学专题讲座,大大提升了教师教育教学能力水平。

三、推动生态机制和中南特色创新创业文化建设

打造支持学生创新创业良好生态环境。推进实施弹性学分制，细化学生休学创业标准，制订《本科生创业休学实施细则》，已经校务会议讨论通过。先后出台《本科专业建设与发展规划》《本科实验教学管理办法》《本科生实验室开放管理办法》等文件，完善"专业教育+创新创业教育"人才培养模式。正在制订《本科生创新创业学分认定和转换管理办法》《创客空间建设认定和管理办法》《创业导师聘任和管理办法》等文件。升级改造了大学生创新创业实践基地、中国大学生创业网、大学生创业园，构建全方位的大学生创业综合服务平台。

继续深入实施创业素质提升工程，组织大学生创新创业年会，34个二级教学单位，举办99场论坛，1408项项目参与展示及交流。召开互联网+创新创业暨科技成果转移转化师生共创工作研讨会，组织校内创业训练营。连续12年举办寒假创新创业教育实践活动，2017年有4708名学生提交调研报告和读后感征文；继续开展新生"苗圃行动"，举办创业论坛、成果展等活动。新增认定支持建设开放式创客空间20个，扶持学生组建创业工作室进行创新基础上的创业训练和实践，依托学校科技园、大学生创业园提供配套服务。

进一步推进科研经费"放管服"，制定《进一步完善横向科研经费管理的补充规定》《关于深化高等教育领域简政放权放管结合优化服务改革的实施细则》，在加强规范管理的同时，创新服务方式，有效提高科研项目资金的使用效益，促进科研经费管理政策的贯彻落实和落地生根，进一步激发科研人员(含学生)创新的活力。

厚植创新创业文化。开展创新创业教育评先评优，将示范基地建设内容纳入评优条件，表彰了8个先进单位，35名优秀教师(专干、课程教师、项目指导教师、竞赛指导教师和创客空间指导教师)。

继续实施优秀学生创新创业奖励,108 人 20 个项目获奖。建立健全大学生跨学科学术交流机制,搭建多学科交叉的学术交流平台。依托中国高等教育学会创新创业教育分会,举办全国高校创新创业教育高峰论坛,开展全国创新创业教育高校评先和教师评优,优秀论文评选,召开国际、全国性和区域学术研讨会等。

四、促进政产学研合作推进科技成果转移转化

积极探索市场化运营的科技成果转移转化服务模式,加强技术转移服务机构和专业队伍建设。成立中南大学知识产权中心,中心以中南大学知识产权研究院为主体、科学研究部参与、联合中介机构共同组建的市场化运作的服务机构。建设三支专业化运营团队:专利申请和管理服务团队、知识产权转化和运营团队、知识产权保护和维权团队,为"双创"工作的开展提供知识产权方面的专业服务。

进一步发挥学科、人才优势,加强与各军工集团的联系和合作,积极推动军民融合,取得了显著的产学研用合作效果。航天三院与学校联合成立"先进飞行器协同创新中心",协同创新的目标是围绕航天科工三院的技术需求,以中南大学航空航天学院为依托,协同创新中心通过体制机制创新,来汇聚人才团队,组织技术攻关,为先进武器装备的发展提供技术支撑。

积极推动特色学科高端智库建设。智库建设成效显著。中南大学在大学智库指数测评中居前五十强前列;中南大学中国村落文化研究中心、中南大学地方治理研究院、中南大学知识产权研究院与中南大学中国文化法研究中心等四家智库继 2016 年入选 CTTI 首批来源智库后,2017 年再次成功进入中国高校智库综合评分 TOP100。中国村落文化研究中心报告入选 CTTI 来源智库精品成果。中南大学社会稳定风险研究评估中心、统一战线参政议政工作室、应用伦理学研究中心等三家智库也在 2017 年增选为 CTTI 来源智库。

打造优势特色学科战略协同新引擎,2017 年 9 月"医疗大数据应用技术国家工程实验室(中南大学)"建设正式启动,中南大学将联合清华大学、中国移动通信有限公司、三诺生物传感股份有限公司和东华软件股份公司等单位,围绕医疗大数据标准、医疗智能终端与可穿戴设备、医疗大数据快速检索与智能分析、医疗大数据安全与隐私保护、健康和临床数据整合应用等方向开展研究和实施工程化。与詹天佑科学技术发展基金会、中国铁道科学研究院、中国中铁股份有限公司、中国中车股份有限公司、美国纽约州立大学布法罗分校、英国南安普顿大学、美国伊利诺伊大学香槟分校和轨道交通安全协同创新中心联合举办"2017 高速铁路国际研讨会"。学校与中国五矿集团公司在高层次国际化人才培养、金属资源战略、重大科研项目,特别是新能源材料产业等进行协同创新达成战略合作意向。与中国航天科工集团第三研究院签约共建"先进飞行器协同创新中心"。

五、加速平台载体建设提升创新创业综合服务能力

将中南大学科技园研发总部打造成"双创"示范基地建设及运行的重要载体。依托研发总部的物理环境和研究条件,正在积极推进创新创业综合服务平台、科技成果交易平台建设,集成打造"双创"政策环境,集成服务功能。引进专业人才,打造高效团队。学校与长沙市岳麓区共同成立了运营公司,通过"政府引导、校地共建、市场运作、专业运营"的建设发展理念,共同推进平台载体建设。

建立规范体系,实施科学管理。经过反复斟酌、推敲、梳理招商制度文本、合同条款,出台了《中南大学科技园(研发)总部企业(项目)入驻管理暂行办法》和《中南大学科技园(研发)总部入驻企业(项目)场地租金补贴暂行办法》,确定了《中南大学科技园(研发)总部企业入驻合同》以及《中南大学科技园(研发)总部入驻认定实

施细则》。对企业入驻条件、入驻流程、评估标准、退出机制以及资金补贴进行了明确规定,招商管理日趋科学、规范。

提供专业服务,建设便捷园区。科技园及时深度了解入驻企业(项目)需求,加强与研发总部大楼设计方和建设方沟通交流,积极对接企业和建设方,沟通入驻企业(项目)办公、研发需求,优化楼栋功能布局及公共装修,确保办公室交付的实用性。通过整合和汇聚学校的科研资源、岳麓区政府及岳麓山国家大学科技城的空间场地资源、社会中介的服务资源、风险投资机构及银行的资金资源,制定"一条龙""保姆式"服务方案,积极打造一个集场地租赁服务、技术研发及咨询服务、科技金融服务、人才引进与培训服务、企业发展基础服务等功能为一体的孵化服务平台。

进行精准招商,导入优质企业。依托优势学科,聚焦四大产业(以透明计算和大数据为核心的信息产业,以高新材料和有色金属为核心的新材料和循环经济产业,以生物医药和遗传基因为核心的生物医药产业、以高铁建造和轨道交通为核心的高铁建造和轨道交通产业)精准招商。

中国科学院西安光学精密机械研究所:
形成"开放办所+专业孵化+创业生态+择机退出"的双创模式

中国科学院西安光学精密机械研究所(以下简称"西安光机所")认真贯彻中科院"三个面向""四个率先"的办院方针,积极面向国民经济主战场,创新形成"西光模式";塑造"硬科技"理念;建设"硬科技"投资天使基金集群和专业化创新创业载体;有效推进产业链、创新链、资金链"三链"融合;形成高端装备制造、光电子集成芯片、民生健康、军民融合为核心的四大产业集群。充分发挥科研院所在"双创"工作中的辐射带动和示范引领效应,为促进经济提质增效,推动地方全面创新改革试验和创新型国家建设做出贡献。

一、突破思想理念桎梏,推进研究所向全社会开放,启蒙双创

"拆除围墙、开放办所"是西安光机所创新改革突破的核心。传统的研究所往往关起门来搞研究,研究所和社会之间的"围墙",既阻碍了研究所了解最新市场需求的机会,也关闭了研究所科技资源向全社会开放共享的职能。西安光机所以"不能再走老路,理念超前是追赶超越的唯一办法"为初心,提出了"拆除围墙、开放办所"的新理念,将研究所定义为全体纳税人的研究所,向全社会开放平台、资源。

"地方满意、人民满意"。西安光机所在面向世界科技前沿、面向国家重大需求的基础上,着力面向国民经济主战场,关注民生国计,带动地方经济发展,切实解决地方就业、社会需求,把"地方满意、人民满意"作为我们的评价标准之一,把让科技成果转化为社会财富和就业视为我们的基本社会职能之一。

二、创新体制机制,破除体制藩篱,实现"西光模式""硬科技"思想输出,指引双创

形成独具特色的西光模式。一是开放办所。通过深化科技体制机制改革,打通科研到产业的转化路径;坚持"拆除围墙、开放办所"的理念,创建"人才特区",聚集国内外优秀人才,实现人才双流动;接轨国际、加强与国内外最前沿技术机构的全方位合作。二是专业孵化。围绕光子制造、光子信息、生物光子三大方向进行项目研发布局,依托研发技术成果,通过建设专业化众创空间、专业化孵化器、为创业团队提供专业技术、专业导师、专业装备、专业基金、专业团队、

专业服务等全生命周期的服务支持。三是创业生态。建成了"众创空间+孵化器+加速器（产业基地）"的全链条孵化体系,构建了"研究机构+天使基金+孵化器+创业培训"的贴身孵化软环境。结合择机退出和反哺接力机制,构建科技成果转化的"接力棒"体系,形成"热带雨林"科技创业生态。四是择机退出。充分释放科技人员的创新创业活力,秉承"参股不控股、寓监管于服务"的理念,将研究所打造成孵化硬科技企业的航母。在参股企业规模化可持续时,采取上市、转让、回购等方式将股权重新转化为资本,反哺科研或接力孵化,实现国有资产保值增值。

塑造"硬科技"理念,指引社会关注科技创新创业。西安光机所定义的"硬科技",是指以航空航天、光子芯片、基因技术、脑科学等为代表的高精尖科技,需要长期研发投入和持续的积累,难以被复制和模仿。该理念的提出就是呼吁社会大众关注硬科技,关注科技体制改革。2016年李克强总理总结到,"硬科技就是比高科技还要高的技术,这个说法很有趣"。西安光机所推动西安市举办"2017全球硬科技创新大会",硬科技已成为大西安城市新IP,同时得到了全球范围的关注和认可,成为我国创新驱动发展战略的关键环节。

三、探索出"科技+金融、科技+服务、科技+市场、科技+社会"四融合模式,践行"双创"

科技+金融,成立西科天使基金,引领硬科技双创投资。西安光机所成立中国第一个由研究所发起的、专注于"硬科技"成果产业化的天使基金——"西科天使基金",为研究所成果产业化和科技创业者提供第一笔天使资金支持,有效解决科技成果产业化的"第一桶金"问题。目前已拥有13支专业化基金,总规模达51亿元。基金工作近年来获得了社会各界认可,入选众多媒体榜单,特别是斩获"2017年中国早期投资机构30强",首次入围清科年度排名榜单。

科技+服务,搭建创新创业平台,提供双创空间和软服务。2013年9月西安光机所发起设立了中科创星,专注于硬科技领域孵化,搭建了"一站式"全方位服务模式,为在孵企业提供战略规划、设备共享、投融资等全方位的孵化服务。同时为满足孵化企业空间需求,先后成立中科创星众创空间、陕西光电子集成电路先导技术研究院、青年科技创客众创空间和北京中科创星等,致力将所内科技成果转移转化与国家创新驱动发展战略和布局紧密结合。

科技+市场,与企业共建工程中心,实现科研与双创市场需求深度融合。西安光机所改变了传统的科研价值观,"把企业搬进研究所"、把科研与企业需求相结合,通过与企业共建工程中心或者联合实验室,搭建起研究所与企业之间的桥梁和纽带,以市场需求牵引研究所的科研立项与规划。企业通过研究所的科研平台、仪器设备、人才技术等支撑,双方合作开发,实现产学研的深度融合,助力企业可持续发展。目前,西安光机所与企业已经共建12个新型工程研究中心,同时企业为研究所建立了精准影像等多个新型研究单元。

科技与社会,探索科学与社会深度融合,践行社会责任。一是开展硬科技教育。西安光机所创办了"硬科技创业营",邀请来自世界顶尖的硬科技企业高级管理人员、创业CEO及实战咨询师共同探讨创业经验。已累计开展培训活动120余场,累计培训科技创业者18000余人次,构建新生代科技创业家共同学习成长的生态圈,为我国培育更多的"硬科技"企业家。二是发展硬科技科普。打造"中科星科普"品牌,依托中国科学院优质科学资源,聚焦深空、深海、深蓝、深地、生命五大主题,激活院所、实验室、观测台站等载体,推动科普科教项目落地,构建院地合作的科普教育新生态。让科学普及成为国家创新发展的鸟之翼、车之轮,全面提升公众科学素养。

中国科学院深圳先进技术研究院:
打造粤港澳大湾区双创孵化生态体系

中国科学院深圳先进技术研究院(以下简称"深圳先进院")在建设双创示范基地过程中,充分利用其在科研、教育、产业、资本等"四位一体"的资源优势,通过科研体制创新、人才培养创新、发展模式创新和双创孵化创新的四大创新机制,发挥深圳先进院的双创带动示范效应,建设创新人才挖掘培养学堂、科研成果转移转化平台、国际人才创新创业基地、新兴产业聚集培育中心,最终将深圳先进院打造成为以未来产业科学研究为核心的创新驱动引擎和粤港澳大湾区的双创引领者。如今,深圳先进院已经发展成为国内海归密度大、科研国际化水平高和支撑产业氛围好的新型科研机构,形成了典型的"深圳先进院双创模式":内部,以研究工作创新为本,坚持产学研资一体,合理布局学科,集聚高端人才,打造了源头创新高地;外部,以扶持创业孵化平台为基,建设中科创客学院和中科院深圳育成中心两大平台。立足粤港澳大湾区,面向全国,搭建了国际化、专业化的"-1—0—1—N"全链条双创培育体系。

一、合理布局学科,以先进的工研理念构建创新高地

深圳先进院是中科院内第一个明确提出建设工业研究院的新型科研机构,已构建多个研究平台,每年新增立项科研项目约450项,每年新产生各类技术成果数百项,11年累计到款经费46.02亿,累计申请专利4500多项,已授权1800余项;累计孵化企业总计逾639

家,持股超过 191 家,估值百亿级 1 家,10 亿级 3 家,超过 5 亿的 3 家,超过 1 亿的 26 家,新三版挂牌企业 3 家。

深圳先进院研究领域广泛,围绕健康与医疗、机器人与人工智能、新能源新材料、大数据与智慧城市等领域共设有 8 个研究所,46 个研究单元,产出诸多科研成果:低成本健康设备市场占有率第一;联合研制中国首台 3.0T 磁共振设备;研制全国首台商用超声肝硬化检测仪;世界首创超声大脑调控方法和验证系统;亚洲首例基于神经功能重建的多功能假肢控制系统;全国首个角膜病诊治和眼库技术推广平台;国内率先建立完整的光遗传技术研发和应用平台;首次实现了高稳定性二维黑磷的成功制备;首次发现新型高能量密度铝—石墨双离子电池等。

二、外引内培,以高端人才聚集实现双创资源汇聚

深圳先进院重视海外高端人才的引进,本部总计 2453 人,其中海归人员 530 人,各类人才计划入选者 394 人次,其中:中国工程院院士 1 人,千人计划入选者 41 人、国家杰青 5 人、万人计划 3 人、新世纪百千万人才 3 人、陈嘉庚青年科学奖 1 人、何梁何利"科学与技术创新奖"1 人、国家友谊奖 1 人、中科院百人计划 45 人、广东省领军人才 9 人、深圳市孔雀人才 201 人次、深圳市国内高层次专业人才 82 人次;共有 22 支团队入选广东省创新团队和深圳市孔雀团队、3 支团队入选中科院创新团队。2010 年中组部批准纳入"国家千人计划基地"建设(广东教育科研领域的唯一基地单位)、2014 年入选科技部创新人才推进计划基地、2017 年获批入选"国家引进海外智力示范单位"。

人才培养始终坚持学术前沿和产业需求相结合,布局建设中国科学院大学深圳校区的同时,与中科大、香港中文大学等境内外知名高校开展联合培养,累计培养学生(含留学生)5000 多人、博士后

165 人,在站博士后达 175 名,占深圳的 12%。

三、产学研资一体,建设中科创客学院等专业化机构,构建"-1—0—1—N"全链条双创生态

在深圳市、南山区政府支持下,2014 年中国科学院深圳先进技术研究院创办中科创客学院,2015 年深创投溢价投资入股。2015 年 10 月 19 日的全国双创周上,李克强总理这样评价创客学院,"这是一所没有围墙、没有边界的'大学',希望你们不断扩大辐射范围,传递更多创业创新的基因密码"。

在"-1—0"的青少年双创教育方面,通过孵化了一批面向双创教育的企业,结合深圳先进院的科普资源,开发了包含"中科创造力""中科机器人"和"中科创客"三大系列超过 300 门双创课程。

在"0—1"的创客创业培育中,为签约入院孵化一年的团队配备中科院研究员、产业界专家组成的双导师队伍,并于 2016 年 11 月依托深圳先进院博士后流动站设立全国首个"博士后创客驿站",张首晟教授出任首席导师,目前已培育十几个博士后创客创业团队,计划三年累计引进培养博士后创业团队 60 个,培养博士后逾百人;与斯坦福国际研究院(SRI)共建"中科—斯坦福国际创业营"。

在"1—N"的产业加速培育中,截至 2017 年年底已培育高技术创业项目 200+,越疆科技完成 B 轮融资,估值已超过 8 亿元,与丹华资本、深创投、松禾等创投资本,平安集团、通产集团、华立集团、远望谷等产业资本进行合作,并在北京、武汉等地设立双创基地,连续三年举办数十万人次参与的高交会创客展、创客之夜与创客大赛品牌活动,深圳先进院已设立 4 支投资基金,拉动 30 亿元社会资本,为双创保驾护航,其中与深创投共同发起 2.5 亿元的"红土创客基金",为双创生态的构建提供了资金保障。

四、面向未来，引领粤港澳大湾区国际双创集群

深圳先进院充分利用粤港澳大湾区的创新资源聚集和开放的科研环境，与港澳地区和国外知名大学、研究机构进行合作，构建粤港澳大湾区的国际双创集群：与港中大共建集成所，与 MIT 共建脑认知与脑疾病研究所；成为香港中文大学和香港城市大学的第二校园，与韦恩州立大学、帕森斯设计学院、香港大学等境内外 17 所大学人才联合培养，与史太白大学、牛津 ISIS 合作开展转移转化；设立粤港澳大湾区青少年创新科学教育基地，开展青少年创新大赛，研学行等，惠及港澳百余所学校；与美国科学院、俄罗斯科学院、韩国科学技术院、日本科技振兴院等科研机构，与罗氏医药、西门子、微软、SAS 等境外知名企业建立合作关系等。

五、与企业协同创新，支撑产业关键技术

深圳先进院以高层次人才、科研成果集聚，与 600 多家企业开展协同创新合作，与企业建立了 71 个联合实验室，年横向到款稳定在 1 亿元以上，促进形成四大产业群，牵头机器人等 3 个产业联盟，带动全市机器人行业产值从 7 亿元发展到 1000 亿元规模，开放 4000 多个专利和 5 亿元以上设备平台向社会，创新院两项目获得"中国好设计"金奖，北斗院成为深圳智慧城市数据运营平台，济宁、天津院成为当地电动汽车、智能制造的双创平台，引领区域产业创新。

六、加快双创孵化基地建设，完善双创网络，输出双创模式

中国科学院与深圳市政府共建的中科院深圳育成中心，已有 4 个孵化器共计 6 万平米投入使用，在建 30 万平米的集高新技术成果孵化、加速转化、企业总部于一体的平湖双创基地。

以中科创客学院为载体向全国各地输出成熟的双创模式，针对

双创企业(团队)的个性需求建立双创服务标准体系,形成可复制、可推广、可操作的双创标准服务模式。

七、高交会"创客系列活动"为创业者提供展示和交流平台

深圳先进院及中科创客学院已连续三年举办高交会创客展区,每年都有百余个来自海内外优秀创业项目参展,涉及创新产业的多领域,辐射范围广,影响力深远,观展人数 10 万+人次,"创客之夜"为创新团队和企业提供重大平台展示。

八、推进军民融合发展战略,实施创新驱动发展,组织承办中科院"率先杯"大赛

2018 年深圳先进院承办由中央军委科技委发起,中国科学院主办、深圳市人民政府支持的中国科学院第一届"率先杯"未来技术创新大赛,中科创客学院作为执行单位,积极探索国防科技创新超越发展的新举措、新方法、新途径,着重强调创新性、开放性、首创性、持续性。

目前已有来自科研院所和社会的 600 多个项目报名参赛,新华社、中新社、人民网等 30 余家媒体跟踪报道,引起了极大的社会反响。

第三节　企业示范

中国电信集团公司:
加强责任意识创新经营方式全面激发创新创业活力

中国电信集团公司是通信行业特大型国有独资企业,总资产8100 亿元、年收入规模超过 4000 亿元、拥有员工 60 万人、用户数超

过 5.8 亿。作为国家首批"双创"示范基地,中国电信以提高创新创业支撑服务能力为抓手,在打造"员工创业、科技开发、产品运营、创新孵化和社会众扶"五大创新创业平台的实践中,针对大型国有企业机制不活、人员冗余、市场响应慢的改革难题,以激发人和组织活力为核心,全面推行"责任田、责任人、责任制",推进小承包和倒三角支撑体系等市场化改革,打造出成绩显著的一线员工内部创业平台。

一、划好"责任田",建立一线自主经营体

通过将市、县公司进一步划小为农村支局、城市支局、营业厅、政企团队、装维团队等基本经营单元,全集团共建立近 5 万个一线自主经营体。通过将内部创业平台向社会延伸开放,采用业务合作、承包经营等方式,激活社会资源。近三年,中国电信共引入社会民间资本77 亿元参与宽带网络的光纤化改造,平均一个支局带动 3 — 5 个社会创业经营体,大大促进了社会就业,也为"宽带中国"战略实施注入活力。

二、选好"责任人",员工承包创业做"小 CEO"

通过竞争性选拔承包人,让能者脱颖而出,全集团共选拔和培养了 2.5 万名小 CEO,业绩突出者纳入后备干部管理或优先选拔任用,淘汰业绩不达标的承包人,实现"管理人员能上能下"。通过实施团队双选,让有才干的"小 CEO"自主组阁和招募团队成员,员工也可自主选择加入承包团队,全集团共有 16 万多员工参与承包经营。此外,探索打破国企员工身份意识,合同制员工可自主选择与企业协商一致解除劳动合同或中止劳动合同,通过组建公司或注册个体工商户的方式,采用完全市场化的方式进行创业承包,助力员工实现"创业梦"。

三、建好"责任制",充分调动各类要素活力

明确承包人权力清单,实现责权利一致。在划小单元"准利润中心"定位基础上,充分放权,赋予承包人自主用人权、考核分配权、资源支配权等配套权利,清单公开、规则透明,小 CEO 还可以向上逆向派单、逆向考核。建立市场化激励机制,承包团队认购年度收入目标,高完成高激励、低完成低激励,通过计件计量、增量收入提成等方式,实现"收入能增能减",拉开差距,充分激发广大员工内生动力。

历经 4 年多的创新实践,中国电信共建立 5.7 万个基层创业单元,1 万多名管理部门人员下沉到一线创业,广大员工普遍从"被动接活催着干"变成"主动要活比着干"和"精打细算想着干",促进通信主业收入增长率连续 4 年高于行业平均水平。同时,先后举办各类培训会和行业推介会 3500 多场,覆盖 20 万基层员工,小 CEO 竞争性选拔、团队成员双选比例超过 80%,全集团合同制员工人均劳产率超过 100 万元、达到 10 年前的 2 倍,员工薪酬与企业价值实现了同步增长。目前,划小承包使基层员工的获得感、凝聚力和向心力大大增强,成为了中国电信员工创造价值的首选舞台,推动中国电信创新创业事业不断向前。

中信重工机械股份有限公司:
搭建众创平台构建创客生态系统

中信重工围绕搭平台、聚资源、育团队、生文化、活机制、做示范的工作主线,大力发展新技术、新产品、新业态、新模式,探索大中小企业联合实施"双创"的制度体系和经验,形成可复制可推广的制度和管理模式。

一、构建"四群共舞"创客生态体系

中信重工以创客空间模式建立了技术创客群、工人创客群、国际创客群和社会创客群,构建起"四群共舞"创客生态体系,形成全员创新、协同创新机制。18个技术创客群以18名首席技术专家为引领,研发方向覆盖18个技术装备领域。22个工人创客群以5个大工匠为引领,致力于优化工艺技术、解决生产难题、形成典型工艺规范、固化创新成果、塑造大工匠精神。国际创客群以澳洲研发中心和澳大利亚SMCC公司为核心,实现了研发创新工作与国际接轨。社会创客群围绕公司产业链,依托公司建立了协作开发平台、远程服务平台、标准服务平台、人才培养平台,实现了协同创新、开放创新。

"四群共舞"创客生态体系加速了产、学、研、用、供和成果转化,直接参与者超过800人,影响带动了1000名技术人员和4000名一线工人创新,形成了人人有创新热情、处处有创新课题、事事有创新空间、个个有出彩机会的全员创新格局。

二、搭建三大重装众创平台

一是重装众创线上资源共享平台,包括众创研发设计云平台、仿真实验分析云计算平台、工业物联网云管家服务平台和大数据资源共享服务平台。平台系统与中信集团的产业互联网+赋能平台对接,创新资源向中信集团所有创客和社会创客全面开放。建成后可为3000名创客或500个创新团队提供50万条行业研发知识、20万条产品运行分析数据、10万条产品仿真试验数据、1000台运算资源、30种专业设计分析软件、10套管理应用系统。

二是重装众创线下实验与验证平台,涵盖产、学、研、用、供,在矿山重型装备国家重点实验室已有的27个实验平台基础上,建设重载大功率高中低压变频控制实验与验证平台、露天矿山开采设备实验与验证平台、矿物加工装备及工艺选型实验与验证平台、特种机器人实验与验证平台,为本专业内的各种新技术、新产品提供检测评价服务,为相关实验研究者提供开放服务。到2018年年底,将建成基于云平台的物料性能数据库、强度性能评价数据库、设计计算、实验及检验方法标准库,产出一批高水平的科技成果,促进重型行业科技进步,提升企业核心竞争力。

三是重装众创成果孵化平台,借助中信集团的产业互联网+赋能平台的创业孵化资源,依托中信重工的先进制造平台、物联网、大数据、云计算优势创建众创成果孵化平台,向社会开放供应链,提供财务、市场、融资、技术、管理等服务,为各类科技成果转化与产业化、员工自主创业、企业内部再创业和各类创客创业创新提供支撑,促进大中型企业和小微企业协同创新、共同发展。构建有利于公司内外各类创客和中小微企业成果转化和创业创新的孵化条件,建设完善的投融资服务平台、中试生产实验基地、创业辅导平台、公共实验检测平台、知识产权服务平台、科技中介服务平台和交流合作平台。积极与中信集团"双创"平台现有的20余家投资机构对接,设立创新基金,携手基金、信托和众筹平台,推动资金链引导创业创新链、创业创新链支持产业链、产业链带动就业链。

三、加快体制机制创新步伐

一是构建新型装备制造创新体系。按照"专业化生产、社会化协作、全球化配套"的发展思路,形成以总体设计、总装制造和试验验证为龙头,以核心系统和设备专业化研制为支撑,以社会化协作配套为依托的新型装备制造创新体系,打造合作共赢圈。

二是探索技术人员持股产业化。探索各类创客团队以技术成果、专利、资本等多种形式在新技术新产品中持股的运行模式,加快新技术新产品产业化进程。

三是建立科学合理的激励约束机制。通过股权、期权、分红等激励方式,调动企业内部人员创业积极性和吸纳社会创业人才,鼓励有个性的创业型员工走社会化创业创新之路。

四是改变企业增长发展模式。围绕企业发展战略,通过投资入股、参股、控股及技术、品牌、管理输出等方式,打造国有资本轻资产、轻结构的增长模式。

共享装备股份有限公司:
依托创新创业支撑平台推动新旧动能转换

共享装备股份有限公司地处宁夏自治区,主要从事铸造、机械制造等行业,是国家首批企业"双创"示范基地。经过50年的发展,共享装备已经成为跨行业、跨地区、多元化发展的企业集团。共享装备借助"互联网+",围绕铸造产业链,打造一个开放、共享、线上线下相结合的"双创"支撑平台,带动铸造产业、区域工业转型升级,推动新旧动能转换。

一、国际化市场战略指引,三个龙头带动

国际化市场战略。共享装备以产业多元化、市场多角化、产品多族化的"三多"策略推进国际化市场进程,在深度开发国内市场的同时,夯实欧洲、美洲、亚洲(海外)市场布局,携手强者,构建强势顾客群。

以市场为龙头。强调抢抓市场,以产业调整为主线,调整内部组织结构、生产结构、人员结构等,适应全球发展需要,铸就共享品牌。

以计划为龙头。以"一规划四方案"为指导,形成以一个纲要为统领、一套KPI(关键绩效指标)为目标、七大工作计划为推手的年度

经营计划体系。通过计划量化计算机管理平台,形成各项计划垂直整合的工作方法。

以分配为龙头。引入市场竞争机制,形成共享经营体模式,丰富员工理想、情感、物质三个收入,实现员工价值,推进企业、员工双赢。

二、"五有"创新,特色机制保障

有创新的思想。共享装备把创新作为企业文化的核心理念,制定了"引领行业进步,创造更好未来"的企业愿景,将创新驱动列入企业转型升级方针。

有创新的计划。共享装备制定了《科技创新规划(中长期规划)》和《专利战略试点工作方案》,并据此制定年度创新计划,通过KPI、创新重点工作两种方法,将年度创新计划分解为切实可行的月度分解计划。

有创新的制度。共享装备建立了一套完善的创新管理体系,其中包括《客户成功项目管理制度》《知识产权管理制度》和《科技创新奖励制度》等 14 项创新管理制度,对各类创新活动进行规范管理,并形成了完整的创新管理体系+创新数字化管理平台。

有创新的工作模式。共享装备形成了一套创新工作模式,即CSP/6sigma(顾客成功的项目管理模式),每年开展近 200 个项目,已逐步形成"互联网+项目"的运行模式,实现资源共享、项目众包管理。

有创新的人才。共享装备的创新团队以国家级企业技术中心依托,来自于 12 个研究所、7 大创新平台和 2 个自治区,通过全职引进、柔性引进、委托培养、平台建设等方式为创新工作提供人才保障。

三、经营人才,打造创新团队

共享装备建立了包括五大管理理念、两种方法、一套系统在内的经营人才机制。五大管理理念指人力资源是企业第一资源;人才市场化;分工专业化、人才专家化、领导职业化;学习和工作同等重要;像经营商品一样经营人才,像制造产品一样制造人才。两种方法指六维管理法(数量、稳定、质量、结构、财务、成长)和快速成才法。一套系统指人力资源全流程数字化管理系统。

四、共享经营体,营造"双创"氛围

共享装备探索形成的"共享经营体"管理模式有效激发了员工创业创新热情。该模式将公司内部划分成 379 个"小微企业",各经营体以营利为目的,独立核算,市场化运作,公司为其提供工作岗位、设备、资金、技术等资源,为全员提供创新、创业的机会和平台。推行不到一年的时间,部分子公司/经营体产品毛利率提升 5 个百分点以上,部分班组/经营体效率提升 10%以上。

五、数字化智能化,推进转型升级

共享装备以数字化(智能化)引领、创新驱动、绿色制造、效率倍增为转型升级方针,将全面集成的数字化企业列为战略发展目标。共享装备重点推进数字化管理、虚拟制造、智能生产;深入推进信息化和工业化在业务、产品、技术、产业等方面的深度融合;广泛推进精益生产、物联网、虚拟技术、云计算、大数据等先进理念和技术的应用,全面提升企业经营效率。共享装备通过"人脑+电脑"构建全流程虚拟设计,以 3D 打印等新技术为核心构建"五大"智能单元,构建数据中心,最终打造铸造智能工厂。

阿里巴巴集团:
探索大企业创新创业新模式

阿里巴巴集团充分发挥在互联网+、大数据、云计算和物联网等

方面的资源优势,进一步加强探索创新,逐步积累形成了自有的发展模式,引领大企业创业创新风潮。

一、核心思路:打造科技与商业双生态驱动的多模式"双创"体系

一方面,阿里巴巴通过打造开放、透明、协同的商业基础设施平台,为创业创新者赋能;另一方面,依靠云计算大数据等技术平台打造以"科技企业孵化"为主的科创服务平台。以科技与商业驱动,打通电子商务与物流、互联网金融、大数据云计算、跨境贸易、数字娱乐、健康等业务平台,共同组成一个多模式的创业创新服务生态体系。

二、典型特点:大平台+多模式+富生态

大平台。阿里巴巴在电子商务、互联网金融、智能物流、跨境贸易、云计算与大数据等方面建立了平台,可全面、系统地服务创业创新者,涵盖营销、物流、金融、培训、IT、数据等多个领域。

多模式。阿里巴巴的创业创新已经从电商领域的创新扩展到基于云计算和大数据的创新,基于阿里巴巴平台形成了云栖小镇、创业+、钉钉等各具特色的创业创新模式。云栖小镇为代表的"云端一体化"创新模式引领了云计算时代的创业模式。阿里云服务中国一半的科技独角兽,80%的科技创业者在科技创新孵化模式上以云栖小镇为基地,打造了一个适合未来10年的创业创新模式。

富生态。阿里巴巴与客户、合作伙伴共建共享形成了利益共同体。阿里巴巴集聚了千万家网店、上亿消费者以及数以万计服务商,彼此之间的联系互动规模巨大、关系复杂。通过大规模协作,各方资源不断汇集、持续交互,每天支撑买卖双方达成数千万甚至上亿笔交易。

三、主要做法:推动实施五大工程,打造"双创"生态平台

云科技创新培育工程。阿里巴巴已在全国部署了22个创新中心,2015年创新中心扶持了864家中小企业,带动了近万名创业者。未来3年内,阿里巴巴将在全国20余个热点城市通过建设和合作模式,推进100个"阿里巴巴创新中心"的落地与运营,以此为载体,通过线上线下集成的网络平台模式覆盖到全国主要的科技与创业活跃区域的科技创业企业,并与国内知名企业、区域政府、投资机构共同构成完整的科技创业生态。帮助地方产业园区打造区域科技创新中心,建设创新与科技人才的常态化培养机制,形成多个面向移动互联网、工业互联网、智能制造、虚拟现实、智能硬件、文化创意、数字娱乐等主题的创业示范区。

农村淘宝千县万村百万英才培育工程。阿里巴巴农村淘宝已在全国29个省落地、开业400多个县级服务中心,近2万个村点,培养农村淘宝合伙人近2万名。千县万村—百万英才项目预计将在2018年前培养10万农村淘宝合伙人、10万个农村电商带头人、100万个农村电商从业人,在1000个县域建设县青年电商创业孵化中心,将10万个村点发展成为生态服务中心、公益中心和创业中心。

创业金融扶持工程。蚂蚁金服已为400多万家小微创业创新企业提供超过7000亿元贷款,为约2000万农村用户提供互联网化的信贷服务,为超过15000名农村淘宝电商创业者提供了专项资金支持近5亿元;推出互联网推进器计划与400多家金融机构达成合作,帮助他们向新金融升级,为数百万计的小微创业创新企业、农民创业者提供股权融资等互联网金融服务;在全国1000个县助推和完善互联网+商业、公共服务和创业金融平台,撬动亿万信贷资源扶持千县"双创";帮扶1000家金融机构转型升级,提升金融机

构"双创"能力。

智慧校园建设工程。菜鸟校园驿站已覆盖全国 1300 余所高校,共建 1700 多个站点,全年服务 1500 多万师生用户;联合高校和品牌企业共同搭建企业创新孵化基地,已帮助 800 多个高校大学生创业团队发展,提供了 10 万余个勤工助学机会。未来 3 年内,菜鸟网络将在全国高校建成 3000 个菜鸟校园驿站,搭建校园智慧物流和创业孵化平台。以云计算大数据为驱动,助推 1000 所高校实现互联网+智慧校园升级。依托校园驿站实体平台,整合阿里巴巴生态资源,3 年内培养和扶持 1 万个学生创业团队发展,为 100 万大学生提供勤工助学、兼职和实习机会。

钉钉移动办公协同开放平台工程。钉钉是移动办公沟通协同多端平台,上线一年半以来,已服务超过 150 万家企业组织和创业企业。通过钉钉将先进互联网技术免费分享给创业企业,让它们跨入高效的移动办公时代,助力创业创新。

北京百度网讯科技有限公司:
以创新创业为引领抢占人工智能发展"赛道"

在互联网风起云涌和科技加速迭代更新的时代,各类企业既面临着新一轮科技浪潮的严峻挑战,也面临着前所未有的战略机遇。百度公司作为我国互联网领先企业,近年来积极践行创新驱动发展战略,抓住人工智能技术发展浪潮,率先成立全球首个深度学习研究院,吸引了一批世界顶尖的人工智能科学家,每年研发投入超过百亿元,在技术和产业领域取得新的突破,国际主流媒体对百度创新创业工作给予高度评价。近期,国家发展改革委组织部分专家,对百度公司大众创业万众创新示范基地进行了调研,梳理有关做法和经验如下:

一、主要做法

作为一家从搜索引擎起家的互联网公司,百度公司拥有海量的数据资源和信息。随着大数据和深度学习等技术的提升发展,百度公司意识到人工智能对未来互联网发展将起到更加关键的作用,提前调整布局公司技术战略方向,更加注重创新创业,探索出了"科技创新引领、生态资源开放、服务体系保障"的"双创"模式。近年来,先后被认定为国家大众创业万众创新示范基地、深度学习国家工程实验室等。其主要做法可归结如下:

科技创新引领。创新是企业持续发展的第一动力。只有不断加强核心技术和关键领域的突破攻坚,企业才能在激烈的市场竞争中保持竞争优势、领先地位。近年来百度公司致力于人工智能等相关前沿技术的研究与探索,逐步构建起了"434"的技术创新体系:一是布局4项技术层。集中中坚力量,加强对AI技术基础层(算法、大数据、大计算)、感知层(语音、图像、视频、AR/VR)、认知层(自然语言处理、知识图谱、用户画像)、平台层(AI开放平台,ai.baidu.com)攻关。二是建立"3大学院"。先后建立百度研究院、百度技术学院、百度云智学院"三大学院",广揽海内外顶尖技术英才,致力于人工智能等相关领域的研究和探索。目前,百度研究院已有60余项研究成果应用于百度产品。2016年,百度技术学院、百度云智学院总计开设课程500多门次,总时长超过11万小时,覆盖学员5万多人。三是启动"4天工程"。先后启动天算(智能大数据平台)、天像(智能多媒体平台)、天工(智能物联网平台)、天智(人工智能平台),大力推进关键技术突破,加快原始创新步伐。特别是在无人车驾驶技术方面,其自主研发的L4级别的无人驾驶解决方案,目前已获得美国加州无人驾驶路测牌照。

生态资源开放。当前,创新创业正在成为大企业转型发展的主要方向。大企业通过打造良好的创新创业生态环境,开放资源创新创业资源,并以互联网平台为基础集聚创新创业者,利用信息通信技术与各行业跨界融合,推动产业转型升级,不断创造出新产品、新业务、新模式,提升企业的创新发展能力。百度公司整合百度云、百度大数据、百度大脑以及百度内外部资源,把前沿技术赋能各个行业伙伴,升级、扩展形成更新锐、无边界的商业模式,带动互联网产业及相关领域智能化升级与飞跃,形成了智汇万物、生态共赢的大中小企业融通发展体系。一是实施"四大计划"。Apollo计划通过构建开放的自动驾驶生态平台,向汽车行业及自动驾驶领域的合作伙伴开放自动驾驶技术,提供开源的软件平台和能力。首批生态合作伙伴成员已超过50家。创举计划通过成立创举联盟,充分链接百度的技术服务资源、地方政府的政策支持和产业引导、合作伙伴的价值服务和创新协同等资源,共同扶持创新团队和优质项目。目前,创举联盟已汇聚了中关村创业大街、纳什空间、万科星商汇、毕马威KPMG、央广视讯、软交所、硬蛋等。云图计划将投入百度公司的核心技术和云资源以及百度推广、应用分发等,并联合百度Capital、百度Venture等外部资源,打造ABC(算法、大数据、大计算)生态圈。AI Star计划是专门针对AI开发者的扶持计划,计划到2019年年底培育10万名AI工程师。二是建设一系列AI创新实验室。联合相关地方政府和科研院所合作共建百度云智·AI创新实验室,将百度在深度学习领域的技术和经验以及人工智能底层技术能力开放给创新创业企业、项目团队、开发者、科研院所、企业客户,为其研发人工智能技术、打造人工智能应用提供支持。三是打造创新创业品牌。从2005年开始,连续成功举办了12届百度之星大赛,大赛面向全社会开放,高等院校、科研单位、初创团队、创业企业、开发者均可报名参赛。大赛开办至今,参赛人数已达20余万人次。对获奖开发者和优质项目,百度在资金、技术资源、孵化培训等方面给予支持。

服务体系保障。建立完善的创新创业服务体系,在项目孵化、成果转化、资源对接、融资支持、专业服务、品牌升级等方面为创新创业者提供服务,是大企业深入推进创新创业的有力保障。百度公司依托百度创新中心、百度云、百度开发者中心、品牌活动、百度推广和APP 分发、百度联盟、百度百众等 7 大服务平台,积极推进人才、资本、政策、产业等深度融合,构建了"品牌+技术+服务+生态"的创新支撑服务体系。其中,百度创新中心作为服务创新创业者的综合服务场所,在各地已布局 35 个百度创新中心,其中 20 多个开始运营,覆盖华北、华东、华南、东北、华中等区域,累计为互联网创业者开放超过 1 万个工位。孵化创业团队超过 1 千个,集聚创业者超过 3 万人,帮助 60 多个项目获得超过 50 亿元融资。百度云为创新创业者提供技术支持。开发者中心是资源平台,并通过开展百度技术沙龙、金熊掌开放日活动、百度云智峰会等各项品牌活动,以及各项讲座培训、项目路演等,为创新创业者提供综合运营服务。而百度推广、百度搜索和 APP 分发则是社会影响力较大的网络推广方式。百度联盟为创新创业者提供了有效的业务变现渠道。百度百众则是致力于服务创业者和投融资者的互联网私募股权投融资平台。7 大服务平台相互融合,互为补充,形成了全流程创新创业服务链。

二、经验启示

内生动力——创新"发条"紧起来。当前,互联网技术正在加速迭代更新。从美国互联网发展历程看,互联网巨头轰然倒闭的例子举不胜举,他们都不是被竞争对手打败,而是被新的应用、技术迭代。百度公司从成立之初为门户网站提供搜索服务,到独立域名直接面对用户;从单一百度搜索到众多产品;从互联网搜索,到百度云和移动互联网……百度公司的产品创新从未停止,一直上紧了"发条"。百度公司将每年收入的约 15% 投入到技术及产品的研发,并连续两年研发费用超过 100 亿元,提前抢占发展先机。

机制活力——创新权限放下去。良好的管理体制和企业文化,能够为创新创业有效减负、松绑,进一步激发员工创新创业的活力。百度公司强调"工程师文化",其组织架构非常扁平,从普通员工到 CEO 只有五个层级。并且把决策权下放,做什么产品不是由公司高层决定,而是给机会让工程师去尝试。在百度,没有人能对一个新产品有完全的决定权,就算是 CEO 李彦宏也只能投一票。百度公司设立了"总裁最高奖",奖金高达 100 万美元,用于奖励公司内部 10 人以下的团队的重要创新。如 2012 年,百度公司就颁出了 3 个总裁最高奖,三个团队的 28 名员工分享了 300 万美元的奖励,他们中间也有刚参加工作 1 年左右的新人。

领域聚焦——创新发力点更精准。当前,创新创业遍布各个领域,新技术、新业态、新模式、新产品不断涌现,部分企业在推进创新创业过程中,并没有充分发挥企业自身优势和行业优势,因此创新创业效果不是很理想。百度公司结合拥有着海量资源的优势,制定了转型战略,将创新创业的目标锁定在人工智能领域,推动人工智能与金融、医疗、教育、汽车、生活服务等实体经济深度融合发展,既接"地气",又站在了产业前沿,取得了显著成效。

万向集团公司:
开放共享创新聚能打造大中小微融合的创新创业新生态

一、明确示范基地战略定位

万向集团"双创"示范基地的战略定位归结为"一个引领、两个接轨、三个平台、四个能力"。"一个引领"即在践行"中国制造

2025""互联网+"和"双创"紧密结合的过程中,发挥示范和引领作用。牢牢把握推进"双创"向纵深发展、加快产业转型升级的重大机遇,将万向集团打造成开展创新创业促进制造业转型升级的典范。"两个接轨"即与创新创业人才的需求接轨,与万向核心产业的发展接轨。加强"两个接轨"既是万向集团新形势下实现自身发展目标的客观要求,也是确保实现"一个引领"的前提条件。"三个平台"即搭建面向制造业的"双创"服务平台、建设国际一流的创新中心研发平台、形成持续发展的创新成果转化平台。这三个平台将人才、资本与技术三大要素充分汇聚、有机融合,对实现"两个接轨"提供有力支撑。"四个能力"即形成多层级立体式"双创"资源汇聚能力、基于工业互联网的"双创"开放能力、开放式共享化区域"双创"协同能力、万向创新聚能城新业态体系能力。

二、积极推进"双创"平台建设

万向集团"双创"示范基地建设的核心主体是面向制造业的"双创"服务平台、建设国际一流的创新中心研发平台、形成持续发展的创新成果转化平台,通过三大平台建设实现示范基地建设目标。

搭建面向制造业的"双创"服务平台。以开放性的"双创云服务平台"为线上载体,以"智能制造和智慧能源为重点方向的智慧化双创园区"为线下空间,打造"线上与线下融通,服务与研发结合"的集众创空间+加速器+产业平台+创业服务生态+投资基金为一体的国内标杆性智能网联电动汽车产业新兴"双创"平台,实现万向集团的内部资源共享、内生需求公开、运营数字化服务透明化。为创业者和创业团队提供包括全程孵化、产业化、商业化、创业辅导、融资金融、宣传推广等第三方服务,邀请导师团队、汽车行业大咖、技术大牛等解析行业发展现状和趋势,分享创业经验与感悟,构建资源富集、创新活跃、高效协同的产业创业创新集群。

"双创"云服务平台已完成项目建设方案筛选与报价,与阿里云合建,2017年已完成一期建设,包括万向集团研究院官网上云,VPC系统环境搭建,包括网站前端、后台管理和oracle数据库三个部分,可以实现远程查看、动态数据采集、静态资料管理、远程故障诊断、运行预警服务等功能。二期建设为需求、招募、政策、合作伙伴以及第三方服务公司等SAAS公司接入,三期建设为智能化园区的硬件如智慧办公、智能安防、智慧能源等解决方案接口,预计2018年完成。

建设国际一流的创新中心研发平台。万向集团"双创"示范基地以建设国际一流的创新中心作为创新创业团队集聚的支撑条件,规划建设智能制造、动力电池、智能网联汽车、智慧能源、区块链技术等创新中心,向所有创新团队开放。同时,以院士专家工作站、高等技术研究院、联合工程中心、工程应用学院等形式引进国内外顶尖专家和研究机构入驻,万向集团将投资实验设备、基础设施等固定资产,由第三方研究机构运营管理,向社会开放研发资源,持续培养创新创业人才。

一是构建区块链底层驱动技术。成立区块链实验室,并通过丛书出版、全球论坛、研究报告、开源项目赞助等,建立了中国首个区块链云平台—万云(Wancloud)、发起成立中国分布式总账基础协议联盟(ChinaLedger)、作为LP参与成立了一个专注于区块链技术领域的投资基金等。目前,万向连续三年举办区块链全球峰会,作为中国区块链技术和产业发展论坛的副理事长单位深度参与了《中国区块链技术和应用发展白皮书》《区块链参考架构》等指导文件及标准文件的编写,区块链孵化器和加速器已经孵化和加速了超20个区块链项目,参与投资了40多家全球知名的区块链企业,成为中国区块链技术领域的先行者和引领者。重点领域包括电池全寿命管理系统、智慧能源管理、现代农业食品溯源、供应链金融服务、智慧城市等。

二是建设智能制造、新能源电池创新中心和联合工程中心。智能制造创新中心方面,2017年万向申请加入了美国工业互联网联盟(IIC)、中国工业互联网产业联盟(AII),并根据万向自身制造业特征和产业分布规划未来工业互联网平台实施路径。以浙江大学院士团队为核心,联合国内外顶尖的智能制造专家,为智能制造示范基地和工业互联网平台的建设提供强大的技术后盾。新能源电池创新中心方面,实现了汽车零部件主业向电子化、模块化、轻量化的跃进,建立了国际化新能源汽车及动力电池产业平台,技术与产业竞争力处于国际领先水平。联合工程中心方面,和世界知名研发机构合作建立联合工程中心,通过国际间技术合作和先进技术导入,快速建立世界级的新能源汽车及关键零部件、新材料、智能制造、工业互联网等领域领先工程能力,进而为万向以及万向"双创"平台相关企业提供高质量的技术支撑服务,助力万向打造一流的创新创业生态集群。2017年万向研究院与世界知名的传动链和新能源驱动系统及新能源车辆解决方案提供商英国Romax公司携手共建的新能源汽车传动工程中心(NeVPEC)正式挂牌成立,并进驻万向"双创"示范基地。

三是智能网联创新中心。2017年万向与汽车百人会、浙江省政府、萧山区政府达成合作意向,计划围绕智能网联创新园区的建设开展相关工作,依托杭州萧山的区域优势和产业基础,集团在智能网联汽车及零部件领域的全球资源,以及正在规划建设的万向创新聚能城,为智能网联产业链相关整车厂、零部件供应商、大数据公司等提供联网和自动驾驶技术的研发测试环境,初步规划了超过500个的功能应用场景,涵盖安全、效率、服务、新能源车应用、能源互联网等类别。2018年将全面启动智能网联汽车测试场建设,并以测试场为载体,集聚智能网联汽车方面的创新团队、科研机构等,引进近100个国内外优秀项目,测试和示范车辆规模争取达到千辆级,打造智能网联的创新资源集聚区,打造国内首个功能完备的智能网联汽车测试示范公共服务平台。

四是打造集团内外部高端智力平台。博士后工作站方面,全年在站博士人数,2017年达到13人,主要开展智能制造、工业互联网、智能网联汽车等方向工程应用性及前瞻技术性课题研究。院士工作站方面,积极做好院士团队和集团所属单位以及"双创"企业的服务工作,开展不少于10—20个项目合作,主要覆盖新产品开发、质量提升、智能制造布局及集成能力等。

形成持续发展的创新成果转化平台。以区块链为底层技术支撑,建设创新成果交易平台,通过建立去中心化、免信任的交易平台,降低交易成本,提升交易效率。2017年万向面向全球招募基于区块链技术的科技成果交易平台,建立区块链网络,实现科技成果交易全过程信息存储和共享技术方案。构建万向"双创"示范基地知识产权创造、运用、保护和管理等综合能力,有效促进知识产权与创新资源产业发展、金融资本的融合,构建形成"运营引导、产权保护、综合服务、人才培养"四位一体的知识产权体系。

三、打造可持续发展的"双创"载体

将打造万向创新聚能城作为"双创"的核心载体,共同打造未来创新产业集群,实现大中小微企业融通发展的新业态。先期万向"双创"示范基地占地面积约为30亩,周围2公里以内企业及设施包括万向123电池、万向系统、万向精工、钱潮轴承等万向工业场景。"双创"示范基地将依托万向产业资源,聚焦智能制造、智能交通、智慧能源及智慧城市等相关产业,对"双创"服务平台、创新中心研发平台、创新成果转化平台形成强力支撑,通过人才引进、项目孵化、创新机制、产业生态建设等打造国际一流的"双创"基地。

未来,万向计划按照整体规划、分步实施的原则,建设10平方公

里的"万向创新聚能城"。万向创新聚能城以区块链为技术驱动,以云计算、大数据、物联网、人工智能为依托,瞄准智能交通、智慧能源、智能制造和智能城市前沿领域和应用,建立研发—转化—制造的产业联动体系,构筑面向可按成果孵化与转化的新产业体系,强化产业发展的核心竞争力、不断提升"双创"能力体系,为实现万向第5个"奋斗十年添个零"的目标奠定基础,实现大中小微企业融通发展的新业态,形成千亿元产值规模的创新创业示范区。

联想控股有限公司：
星星之火可以燎原

2008年,联想控股和中国科学院共同发起成立联想之星,推动科技成果产业化,鼓励一批有技术的科技创新型人才走向市场,为培育创新型创业企业洒下了一把火种。当年洒下的星星之火,如今已渐呈燎原之势。经过九年的实践,联想之星探索出了"公益化运作、无缝式衔接、接力式培育、前瞻性布局、模式化输出"的"双创"孵化模式,为大企业开展创新创业探索了新路径。

一、主要做法

联想之星成立时,孵化器在国内刚起步,发展质量参差不齐。传统的物理空间孵化器靠赚取房租差价收益的做法,难以满足"孵化高科技领军企业"的需求。联想之星顺应时代潮流,最早开辟了创业孵化+天使投资的孵化模式,走出了"双创"孵化的新路子。

公益化运作。2008年,联想之星创办创业CEO特训班,开辟了国内针对初创企业CEO培训的先河。特训班按照入学企业的发展阶段量身定做培训课程,聘请柳传志董事长等高级管理人员、知名企业家等作为导师,分享实战经验和案例,帮助他们提升做企业的能力,解决遇到的问题。特训班每年开办一期,面向全国招收,面试合格后入学。自成立之初,特训班就坚持全免费的公益培训原则,学员在接受培训期间的食宿、学费、教材等,全部由联想控股承担。2015年李克强总理在第七期特训班课堂了解到这一情况后,亲切地称之为"包吃包住包学习"的"三包"培训。截至目前,联想控股已投入7800多万元,开办特训班10期,免费培训创业者811名。其中在A股上市的企业有4家,新三板挂牌40余家,估值超过一亿美金以上的企业50多家,企业总估值超过1700亿元,带动的社会融资超过240亿元,解决就业岗位超过10万个。

无缝式对接。联想之星充分整合利用中科院、联想系、创业联盟、"星友"等"四大资源",为特训班提供了各项支持。一是中科院。在成立之初的前两年,联想之星培训对象以中科院系统的科研人员为主,后来逐步扩大。迄今为止,培训的中科院科研人员共138人,入选国家千人计划、高聚工程、海英人才等超过50人,为创业者与科研人员合作提供了广阔空间。二是联想系。联想控股为联想之星提供开放的资源平台、经验分享、知识共享、团队合作等。联想之星依托联想控股旗下的企业、投资基金和商业资源,为创业者提供品牌背书、资金支持、行业人脉以及外部资源等。三是创业联盟。联想之星以历届学员和被投企业为主体,2011年发起设立"创业联盟"。目前已有成员850余家,其中独角兽企业近10家。成立以来,已成功促成数百对培训者合作共同创业,为培训者搭建创业互助的资源平台。四是"星友"资源。联想之星历届毕业生,相互之间亲切地称呼为"星友"。2015年底,联想之星发起成立了"星友创业基金",秉持星友参与、星友管理、星友收益的原则,为星友再创业和推荐早期投资业务提供项目池。

接力式培育。2010年,联想之星成立4亿元天使投资基金,将免费的培训辅导和天使投资进行紧密结合,这种全新的尝试在当时国内创投圈尚属首次。目前,联想之星已拥有 3 支基金,总规模 15 亿元。重点关注 TMT(数字新媒体)、智能制造、医疗健康三大投资领域,主要投资种子期、起步期的初创企业。此外,联想控股旗下的君联资本、弘毅投资等企业,与联想之星紧密协同,形成了一条从天使投资到 VC、再到 PE 的投资链。根据被投企业发展阶段和资金需求,联想之星将被投企业推荐给君联资本、弘毅投资等跟进投资,并由这些企业为被投企业提供投后增值服务,在拓展重要客户及业务网络资源、企业发展战略及经营策略制定、企业文化、公司治理结构等方面为被投企业提供辅导支持。

前瞻性布局。天使投资面对的项目多数处在发展的早期,行业本身也需要一个发展的过程。如果等到行业成熟再布局,往往就丧失了布局的时机。因此,需要面向未来预判,提前布局。通过联想之星,联想控股在人工智能、航天科技、基因技术、自动驾驶汽车、量子技术、物联网等诸多前沿领域发展的极早期,就已完成了布局,并借助资源优势,在企业战略、后续融资、关键人才引入、资源对接等方面助力创业者,使被投企业实现从"优秀"到"卓越"的跨越。比如,联想之星在 2010 年就开始系统性地布局人工智能,在 2016 年 AlphaGo 引爆人工智能主题时,已经布局了 Face++、思必驰、中科虹霸等一批优秀项目。

模式化输出。联想之星还进行了模式输出,辐射和带动了众多地方孵化器的发展,包括西安中科创星、武汉东科创星、北京创客总部、深圳星云硬件加速器、美国硅谷 Comet labs 等。其中,中科创星由联想之星学员创办管理,其引进全球硬科技领域高端创业领军人才,孵化颠覆性技术,为科技创业者提供专业的创业孵化及融资解决方案,特色较为鲜明,已被科技部认定为"国家级科技企业孵化器"。深圳星云加速器由联想之星发起成立,是国内首家拥有硬件类项目供应链环节解决能力的创业加速器平台,已在北京、上海、深圳、武汉、杭州、宁波、佛山等 7 个城市设立 8 个加速中心。2015 年,联想之星在旧金山发起成立专注于投资和孵化美国 AI 项目的 Comet Labs,至今已经投资和孵化近 40 个项目。2017 年 4 月,美国知名科技媒体 TechCrunch 评出了全球 15 家机器智能创业者不可不知的风险投资基金,联想之星 Comet Labs 成功入选。

二、成功经验

联想之星发展能够取得成功,有 4 点经验值得重视。

执一不失——坚持"以人为本"的企业文化和投资理念。经过 30 多年深耕厚植,联想控股形成了深厚的文化积淀。这是联想控股的核心竞争力,也是联想控股不断制造卓越企业的内在基因。联想之星始终秉承柳传志董事长倡导的"事为先,人为重"的文化理念,在开展培训孵化中,首先考察的是初创企业的科技含量、行业特征、成长潜力,但更加注重创始人的素质。正是执一不失地传承这一"联想基因",联想之星才能发展为业界著名的天使机构。

自我革新——坚持变革创新、追求卓越的创业精神。身处竞争激烈的风险投资领域,联想控股先天拥有战战兢兢、如履薄冰的危机意识。长期锤炼而成的永不自满、自我革新精神,激励联想人必须踏准时代节拍,不断自我完善,自我挑战、创新不止,始终先行一步抢占发展先机。联想之星作为孵化机构和风险投资人,发现、追求卓越企业、优质项目和创业者,是风险投资人天生的嗅觉。联想之星将联想这种自我革新和追求卓越的创业精神,贯穿到企业的每一个细节,迸发出了无限活力和创造力。

多元发展——坚持战略投资+财务投资的发展模式。30 多年来,联想控股形成了"战略投资+财务投资"的多元化发展模式。战略投资以长期持有为目的,重点聚焦消费与服务领域打造领先企业,财务投资通过旗下联想之星—君联资本—弘毅投资的全资本布局,实现对创新创业企业从种子期—成长期—成熟期的全方位扶持与培育。联想之星正是遵循联想控股这一发展战略,孵化出来的时趣网、西少爷、龙冠茶等企业已经成为联想控股大家庭重要成员,成为布局"互联网+"、社会化营销等产业的有力支撑。

共创共赢——坚持开放共享、协同发展的大中小企业融通发展战略。联想之星搭建面向全国的开放式"双创"平台,整合了联想控股各类创新资源,打造了遍布全国的创新资源网络,吸引了全国一流创新资源为我所用,构筑了开放式的"共创共赢生态圈",形成了大中小企业融通发展格局,做到了"世界就是我们的研究部""全国人才为我所用",实现了共同创造、共同增值、共同盈利。

第七章　发展展望

　　2018年是全面贯彻党的十九大精神的开局之年,是改革开放40周年,是决胜全面建成小康社会、实施"十三五"规划承上启下的关键一年。要深入贯彻落实习近平新时代中国特色社会主义思想和党的十九大精神,强化实施创新驱动发展战略,坚持问题导向,着眼弥补短板、聚焦难点、精准施策,推进大众创业万众创新上水平,努力在以下六个方面取得新突破。

　　一是进一步推动创新引领发展,壮大经济增长新动能。重点针对创新支撑经济增长尚不足问题,大力发展新技术、新产业、新业态和新模式,构筑创新创业新高地。优化创新资源布局,打造若干具有全球影响力和区域带动效益的创新引领发展高地。组织实施创新重大工程和"互联网+"重大工程,培育有国际竞争力和创新能力的产业集群。发挥双创示范基地等创新载体的示范带动作用,形成一批特色优势产业集聚发展的先行区。继续举办全国双创活动周和"创响中国"活动,推进建设若干新地标、新品牌、新名片,构筑展示新成果、推广新经验、充满创新活力的新高地。

　　二是进一步优化营商环境,降低创新创业成本。重点针对政策供给跟不上问题,加大清障力度,完善普惠性政策体系。聚焦知识产权保护、科技金融、军民融合、成果转移转化、人才引进等关键领域,深入开展全面创新改革试验,推动一批标志性重大改革举措纵深试点、多点突破。实施动态包容审慎监管,进一步强化服务,减少企业负担。进一步制定完善实施细则,真正推进重要政策落实落地。进一步完善现行小规模纳税人年销售额标准,扩大创业投资和天使投资有关税收政策的试点地区范围。

三是进一步加大金融创新力度,拓展创新发展投融资渠道。重点针对金融支持不协调、不到位问题,发挥金融创新的助推作用,培育壮大创业投资和资本市场,提高信贷支持灵活性和便利性,推进证券市场深化改革试点,促进各类金融工具协同支持创新创业。组建行业性创业投资基金联盟,改革现行银行金融机构监管和考核制度,完善科技金融风险分担和补偿机制,研究推进创新型企业境内发行股票或存托凭证试点,加大金融对创新发展的支持力度。

四是进一步创新完善人才发展政策,加快发展创新型创业。重点针对人才发展不通畅问题,创新培养、用好、吸引各类人才的有效机制和模式,更好发挥人才带动作用,推进创新型创业。加快出台职务发明条例,制定国有科技类无形资产管理办法,探索赋予科研人员科技成果所有权和长期使用权,完善以增加知识价值为导向的分配政策,鼓励高校毕业生、复转军人、农民工等人员返乡下乡创新创业,实施更加开放便捷的引才用智政策,为提高创新创业质量提供人才支撑。

五是进一步构建高效服务体系,助力实体经济创新发展。重点针对服务支撑不适应、大中小企业融通发展不足等问题,推进各类服务载体多元化、差异化、专业化发展。依托龙头企业,打造新型创新机构,增强企业创新创业活力。支持大企业、科研院所向社会开放设施设备、技术等各类资源,推动内部外部、线上线下、大中小企业创新创业融通发展。以高校和科研院所双创示范基地为抓手,打造多层次创新网络。健全数字经济发展政策体系,强化信息资源共享开放,大力推进各行业大数据应用。

六是进一步深化开放创新合作,形成创新发展国际化的新格局。

重点针对国际化发展不深入问题,探索创新开放合作的新机制、新模式、新平台,在更大范围、更高层次和更深程度推进创新创业。积极服务"一带一路"战略,探索深化创新合作的新机制。优化境外创业投资管理方式,促进国内资本有效参与全球创新创业活动。鼓励和支持国内"双创"载体在境外建设离岸科技企业孵化器和众创空间,设立海外人才离岸创新创业基地,开展与外国"双创"载体合作,实现对海外研发资源的有效利用。积极鼓励和引导外资研发机构参与承担国家科技计划项目。

后　记

　　《2017 年中国大众创业万众创新发展报告》是国家发展改革委组织编写的反映我国创新创业情况的第三份年度报告,由总论和七个章节构成。总论部分概要介绍了 2017 年全国大众创业万众创新发展现状,第一至第七章分别就创业环境、创业服务、创业融资、创业主体、创业成效、典型案例和经验、发展展望等情况进行了描述。

　　国家发展改革委高技术司和中国宏观经济研究院负责具体组织编写工作,人力资源和社会保障部、工业和信息化部、教育部、原农业部、人民银行、国资委、原国家工商总局、国家统计局、银监会、共青团中央、全国妇联、中国科学院、中国科协创新战略研究院、科技部火炬中心、中国信息通信研究院、人事科学院、社科院数技经所、清华大学公共管理学院、清华大学 G20 集团创业研究中心、清科集团、36 氪等单位相关人员参与了部分章节的撰写工作。全书由王昌林、罗蓉、刘国艳、姜江、曾红颖、蒋同明、邱灵、魏国学、张铭慎、刘方、成卓、韩祺、应晓妮修改定稿。

　　在本书编写过程中,国务院有关部门为本报告的编写提供了许多宝贵资料和数据,"双创"示范基地提供了丰富的素材。同时,本报告也摘选引用了相关研究机构的研究报告内容。我们在此表示衷心感谢。

198

由于目前关于大众创业万众创新的统计尚待完善,加之我们对该问题的认识和研究还有限,书中难免有疏漏和不当之处,敬请读者批评指正。

编写组
2018 年 4 月

责任编辑:池　溢
封面设计:林芝玉

图书在版编目(CIP)数据

2017 年中国大众创业万众创新发展报告/国家发展和改革委员会 著.—
　北京:人民出版社,2018.9
ISBN 978－7－01－019811－8

Ⅰ.①2… Ⅱ.①国… Ⅲ.①劳动就业-研究报告-中国-2017 Ⅳ.①D669.2

中国版本图书馆 CIP 数据核字(2018)第 217549 号

2017 年中国大众创业万众创新发展报告

2017NIAN ZHONGGUO DAZHONG CHUANGYE WANZHONG CHUANGXIN FAZHAN BAOGAO

国家发展和改革委员会

人民出版社 出版发行
(100706　北京市东城区隆福寺街 99 号)

北京新华印刷有限公司印刷　新华书店经销

2018 年 9 月第 1 版　2018 年 9 月北京第 1 次印刷
开本:710 毫米×1000 毫米 1/16　印张:13.25
字数:156 千字

ISBN 978－7－01－019811－8　定价:28.00 元

邮购地址 100706　北京市东城区隆福寺街 99 号
人民东方图书销售中心　电话 (010)65250042　65289539